Hartmut Ehmler

Jollenwandern

Hartmut Ehmler

Jollenwandern

Bibliografische Information der Deutschen Nationalbibliothek:
Die Deutsche Nationalbibliothek verzeichnet diese Publikation in der Deutschen Nationalbibliografie; detaillierte bibliografische Daten sind im Internet über http://dnb.ddb.de abrufbar.

ISBN 978-3-86870-387-0

www.rediroma-verlag.de
12,95 Euro (D)

Die Beiträge „Kap der Illusion“ und Jollen-Flottille“ sowie die grafische Bearbeitung stammen von Daniel Blake, unter Verwendung von Fotos Dritter (Ulrich Neuner, Karsten Rincke, Jan Röttgers, Daniel Blake und Nils Schramm).

Inhaltsverzeichnis

Vorwort und Geleitwort 1

Erster Teil: Jollenwandern - Reiseerlebnisse

1 Piraten im Doppelpack 7

2 Einhändige Herausforderung 19

3 Frühnebel 29

4 Greifswalder Bodden Rund 41

5 Das Beste aus zwei Welten 53

6 Kap der Illusionen 61

7 Netzpiraten unterwegs 77

Zweiter Teil: Jollenwandern - ein Leitfaden

1 Rund um das Boot 99

2 Etwas Segeltechnik 109

3 Ausrüstung auswählen 121

4 Die Reise planen 131

5 Den Weg finden 139

6 Übernachten 149

7 Etwas Psychologie 155

8 Sicherheit geht vor 163

Glossar 191

Dieses Buch widme ich Oskar Bohlen,
der es als seine Aufgabe sah,
Jugendliche das Jollensegeln zu lehren.

Vorwort

Unmerkliches Dahintreiben ohne einen Hauch zu spüren. Irgendwann lebt der Wind auf, es beginnt erst zu glucksen und dann zu gurgeln. Im Kielwasser ziehen kleine Bläschen schnell achteraus. Stunden später kreuzen wir in hoher Welle gegen starke Böen. Wasser kommt über. Aber das Ziel rückt kaum näher. Dann, endlich, unter Landschutz können die Schoten aufgefiert werden. Kinderleicht schießen wir durch glattes Wasser in den Hafen. Wir sind erleichtert, dass alles gut gegangen ist. Wovon ist die Rede? Von einer Segeltour mit einer Jolle.

Mit „Jollenwandern" ist gemeint, dass die Jolle als Reisemittel dient und eventuell auch zum Übernachten. Solch eine Wanderjolle besitzt in der Regel keinen Hilfsmotor, sondern nutzt allein die Kraft des Windes. Wenn man einmal davon absieht, dass sie auch gepaddelt oder gerudert werden kann. Sie ist klein, aber nicht so begrenzt, wie man zunächst meinen mag. Eine Zuladung von einem Zentner Gepäck verträgt sie gut. Eine Jolle ist flexibel. Sie kann wegen ihres geringen Tiefganges in flachem Wasser ankern oder sogar auf den Strand gezogen werden. Eine Jolle ist schnell. Sie kann gleiten. Eine Jolle ist anstrengend. Sie fordert den vollen Körpereinsatz und lässt Dich nachts gut schlafen. Und schließlich: Eine Jolle kann kentern. Dann wird es gefährlich.

Warum eine Jollentour unbequem ist, bedarf wohl kaum großer Erklärungen. Um Wilfried Erdmann zu zitieren, krieche man jeden Tag fünfzig Mal mit Gepäck unter einem kniehoch über dem Boden gespannten Seil hindurch, um eine Vorstellung davon zu bekommen (aus: „Mein grenzenloses Seestück"). Die Frage bleibt, warum man sich das eigentlich antut. Vielleicht muss es so unbequem sein? Durch den Urlaub möchte man schließlich Abstand vom Alltag gewinnen, um anschließend gern in diesen zurückzukehren.

In einem Buch über Camping las ich, dass die Ausrüstungsphilosophie der meisten Camper sich zwischen den Polen „Minimalismus" oder „Gigantomanie" bewegt. Beim Jollenwandern tendiert man wohl zu ersterem. Der Reiz des Jollenwanderns liegt ja gerade im Verzicht auf viele Annehmlichkeiten. Und in einem gewissen Ausgeliefertsein gegenüber den Launen der Natur. Niemals sollte diese Einfachheit aber auf Kosten der Sicherheit gehen!

Macht es nun Sinn, über all das ein Buch zu schreiben, wo es Segelliteratur wie Sand am Meer gibt? Vielleicht – weil wir nicht nur durch eigene Erfahrungen, sondern auch durch die Erlebnisse Anderer lernen können. Besonders in den letzten Jahren verdichteten sich meine Erfahrungen, die ich seit dreißig Jahren in der Jolle sammle. Warum also nicht dem Sand am Meer noch ein Stück Treibholz hinzufügen? Herausgekommen ist ein sehr persönlich gehaltenes Sammelbändchen seglerischer Erfahrungen, welches aber nicht den Anspruch hat, umfassendes Handbuch zu sein. Ein solches zu schreiben wäre eine weite Reise – irgendwann einmal, wenn der Wind günstig ist.

Potsdam, im Dezember 2010

Geleitwort

Jollenwandern unterscheidet sich vom normalen Fahrtensegeln. Man ist dichter am Wasser, segelt nasser. Das ist spannend. Aber nicht das eigentliche Unterscheidungskriterium. Jollenwandern bedeutet im Kern: es gibt keine Kajüte und keinen Flautenschieber, keinen Kartentisch, keine Pantry. Das fördert, provoziert, ja, erzwingt zwischenmenschliche Interaktion! Denn in vielen Situationen kommt man alleine einfach nicht weiter. Man ist auf Hilfe angewiesen. Die einem – abseits des Alltags – aber auch überall gerne von anderen Seglern gewährt wird. Und das ist vielleicht genau das entscheidende und schöne Erlebnis.

Hartmut Ehmler beschreibt im vorliegenden Buch sehr authentisch die vielfältigen Facetten des Fahrtensegelns auf Jollen und kleinen Booten. Ich freue mich darüber, zwei meiner Segelerlebnisse in diesem Buch wiederzufinden, darunter insbesondere die Jollen-Flottille, die ich als Vorschoter auf Hartmuts Piraten „Juanita“ miterlebte.

„Ein Vorschoter muss die Körpersprache seines Rudergängers erkennen! Und umsetzen!“ Diese und viele andere lehrreiche Erkenntnisse nahm ich aus unserer ersten gemeinsamen Jollenreise mit. Vor allem aber Eines: viel Spaß am gemeinsamen Abenteuer. Ganz analog zu der auf dem Wasser gefundenen Rangordnung sitze ich nun als „Vorschoter“ am vorliegenden Buchprojekt und unterstütze es nach meinen Kräften durch Anregungen zu Layout und Bildbearbeitung. Ich wünsche Hartmut, dass er mit diesem Buch weitere Segler zum Abenteuer Jollenwandern inspiriert.

Daniel Blake im Dezember 2010

Erster Teil:

Jollenwandern - Reiseerlebnisse

1

Piraten im Doppelpack

Eine Woche kreuz und quer in den Boddengewässern

Zwei Piraten und vier Männer gemeinsam auf großer Fahrt: Das war schon lange der Traum von uns beiden, Karsten und Hartmut. Der Traum nahm allerdings nur langsam Gestalt an. 1995 kauften wir in Berlin den damals 43 Jahre alten Bünner-Piraten „Archimedes“ und retteten ihn damit vor dem sicheren Ende als Sandkasten oder Blumenkübel. Es folgten 1½ Jahre Restaurierung mit üblen Überraschungen („der Kiel ist hier auch nur noch Torf“). Aber insgesamt überwog immer der Spaß. Ab 1997 segelte der Pirat auf der Kieler Förde. Da wir beide uns Ende 1999 beruflich veränderten, wanderte der Pirat dann in eine Scheune, aus der er alljährlich für die Sommertour herausgeholt wurde. Karsten reiste aus Madrid an und ich aus München. Eine Woche für die nötigsten Arbeiten und eine Woche

Segeln. Die schönste Tour war sicherlich 2001 die von Kiel nach Flensburg mit Abstecher nach Dänemark. 2003 folgte wieder ein Wechsel, ich zog um nach Greifswald und Karsten nach Kassel. Da ich in Greifswald ein weniger arbeitsintensives Boot wollte, kaufte ich „Juanita“, einen Hein-Piraten von 1980 mit Doppelboden. Er sollte auch tourentauglich sein d.h. geeignete Staumöglichkeiten besitzen. Das ist bei Juanita durch große Luken im Vor- und Achterschiff realisiert. 2004 war es dann soweit: die erste gemeinsame Tour, nach viel Vorbereitung und einigem vor und zurück (drei Ehefrauen wollten auch noch ein Wörtchen mitreden) konnte ein Zeitfenster gefunden werden. Startpunkt sollte Greifswald sein und grobes Ziel der Darß.

Aus Kassel starteten Karsten und sein Bruder Johannes im Statt-Auto mit Archimedes im Schlepp. Nicht ohne Probleme: Das Licht am Trailer ging erst nicht, da der Adapter fehlerhaft war und bei der Verleihfirma ausgewechselt werden musste. Aber noch schlimmer: Die Maststütze am Trailer war durchgegammelt. Da an dieser das ganze Boot angebunden wird, musste sie geschweißt werden. Kein Problem für Karsten, den semiprofessionellen Hobbyhandwerker, aber das schob den Abfahrttermin einige Stunden nach hinten. Nun gut, irgendwann kommt man auch mit 80 km/h an. Allerdings erst nachts um eins. Crewmitglied Henning reiste aus Kiel per Zug an. Er war von Karsten angeheuert worden und musste sich erst bewähren (was er dann auch ohne Einschränkungen tat).

Von Greifswald zur nächsten Badestelle

Aufgekratzt ging es am nächsten Tag los. Ziel war eigentlich der Wasserwanderrastplatz Brandshagen, aber bei schwächelndem Wind gegenan gaben wir der kleinen Badestelle Tremt im südlichen Strelasund den Vorzug. Kurz vorm Ziel frischte es noch mal mächtig auf, aber es ging alles glatt. Wir zogen die Boote auf den Sand und bereiteten im einsetzenden Regen das Abendbrot (gebratene Zwiebeln, Dosentomaten und Reis). Karsten setzte die selbst geschneiderte Persenning („das Leichentuch“), während Johannes und ich zelteten. Unter dem Leichentuch hockten wir noch gemütlich zu viert und tranken Rotwein.

Rügen ruft

Der nächste Morgen war zum Glück sonnig, aber noch kühl. Ab und zu ein paar Schauer. Sogar in Ölzeug fröstelte man ein wenig. Daher wurde mittags im Strelasund geankert und der Spirituskocher zum Teekochen angeworfen. Die Ziegelgrabenbrücke passierten wir im Schlepp. Juanita streunte unter Segeln zwar ein paar mal um den Brückenpfeiler herum, aber als dann der Gegenverkehr kam, bliesen wir die Segelaktion schleunigst ab. In Stralsund wurde Imprägnierspray für die Leichentuch-Persenning gekauft. Außerdem frischer Proviant sowie eine Ladung Sprotten „für den kleinen Hunger zwischendurch“ bis Altefähr. Abendbrot: gebratenes Putenfleisch mit Pellkartoffeln und Pilzen. Die Nacht in beiden Booten unter der Persenning, mit ruckenden Festmachern und knarrendem Schwert. Wir hatten alle schon besser geschlafen.

Hornhecht und Hiddensee

Heute wurden einmal Crew und Boote getauscht, Johannes segelte mit Henning auf Juanita unter den Argusaugen des Eigners, der sein Boot auch einmal vor die Kameralinse bekommen wollte. Karsten und ich im Holzpiraten liefen hinterher, Kurs Nord bei NW Stärke 4. Der Holzpirat war an der Kreuz deutlich langsamer, auf anderen Kursen war der Unterschied nur gering. Im Kubitzer Bodden bogen wir südlich des kleinen Eilandes Heuwiese nach Osten ab, um das ausgeprickte Fahrwasser nach Waase zu treffen. Das war gar nicht so einfach und ließ uns ein paar Mal auf Grund laufen, bevor wir 300 Meter querab die erste Pricke sichteten. In Waase machten wir noch vor dem Fischereihafen an einem privaten Bootssteg fest. Unnötigerweise wie wir feststellten, denn im Hafen wären ausreichend Festmachmöglichkeiten gewesen. Unmittelbar dort ist eine recht ordentliche Fischgaststätte, in der ich zum ersten Mal Hornfisch (Hornhecht) verzehrte. Dieser Fisch ist allerdings völlig mit grünen Gräten durchsetzt und meiner Ansicht nach kaum als Speisefisch zu bezeichnen. Zurück ging es wie gehabt, hinter Heuwiese Kurs Hiddensee, da das Ostufer mit seinen Campingplätzen bei der Windrichtung als zu riskant erschien. Neuendorf war allerdings ein ganzes Stück, der Wind mittlerweile aufgefrischt auf Stärke 5. Ich rief Johannes auf meinem Boot an, das Reff am Groß einzubinden, was dieser zunächst nicht so recht verstand. Bald darauf fiel allerdings das Groß und wurde kurz darauf wieder gerefft gesetzt. Da die Reffleine am Achterliek bereits strammgezogen war, lief das Segel unter Spannung nicht ganz die Mastnut herauf. Von unserem Holzpiraten konnten ich Segellehrer spielen und herüberbrüllen, nicht ohne dass wir selber mit zwei Umdrehungen Rollreff mit gutem Beispiel vorangegangen wären. In Hiddensee war leider alles voll. Wir stolperten in Strandnähe über ein paar Steine um dann in eine private kleine Sandbucht einzulaufen. Der obligatorische „Anschiß" durch den Eigner am nächsten Morgen fiel moderat aus.

Makrelen und Mückenplagen

In Hiddensee ist nichts umsonst, außer diesmal unser Liegeplatz, aber fürs Frischwasser sollte man 50 Cent für 50 Liter einwerfen. Kein Kleingeld dabei, also Kanister ab ins Klo und umsonst aus dem Waschbecken gezapft. Mit Wind NW 3 ging es dann den Tonnenstrich herunter bis zur Abzweigung bei Tonne 47 in den Darß. Dies ist ein enges Fahrwasser zwischen ausgedehnten Sandbänken, die man gut an der unterschiedlichen Färbung des Wassers erkennen konnte. Leider ging es ab da genau gegenan, weshalb Archimedes bald zurückfiel und Juanita Barhöft für eine Wartepause anlief. Dort wurde

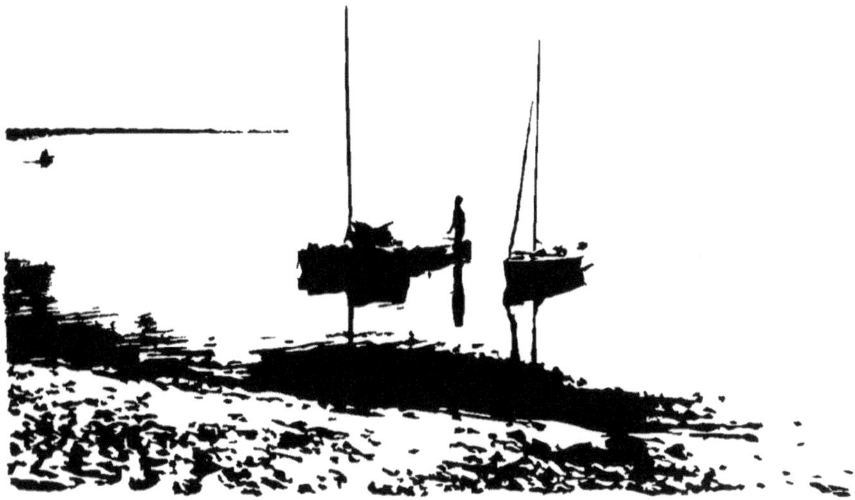

erstmal das Gelände sondiert und zielstrebig die beste Fischbrötchenbude der Welt aufgesucht (geräucherte Makrelenröllchen, mit Speck und Zwiebeln gespickt). Der Großteil der Crews wollte dann anschließend noch baden, leider suchte man sich dafür die Sperrzone auf der Sandbank aus. Die „Wasserbüffel“ (Wasserschutzpolizei) waren auch recht schnell am Platz, aber rauschten vorbei, Glück gehabt. Einmal eingebogen in das enge Fahrwasser südlich von „Der Bock“, tauchten wir in eine Traumlandschaft ein. Das Wasser ganz ruhig, die Ufer wild und unbewohnt. In der Abendsonne vorbei an den Werder-Inseln, mit unwirklichen Konturen, die zwischendrin den Blick aufs Meer freigaben. Die Nacht verbrachten wir in Kinnbackenhagen, einem Anglerhafen. Leider war das Gelände vor der Außenwelt durch ein hohes Tor verschlossen, dessen Überwindung die Gruppendynamik vor eine Zerreißprobe stellte. Etwas getrübt wurde das Abendbrot durch eine wahre Mückenplage. Auch die drei Brenner, auf denen Bratkartoffeln mit Knoblauch und Zwiebeln geröstet wurden, konnten dagegen nichts ausrichten.

Hundert Jahre geballte Erfahrung

Ziel war an diesem Tag Zingst, um von da aus am nächsten Tag um 8:30 Uhr die Öffnung der Meinigenbrücke mitzukriegen, doch daraus wurde nichts. Aber erstmal der Reihe nach. Wetter und Wind waren optimal, daher steuerten wir zunächst einmal den kleinen Hafen Dabitz im Grabower Bodden an, wo wir Mittag machten. Da Joe ein Gluten-Allergiker ist und Fertignahrung nicht verträgt, wurde diesmal das Essen zweigeteilt: eine 1,5 Liter Tonne Chili con carne und ein Topf Reis mit diversem Gemüse. Der Hafen ist sehr „ostig"; wir kamen uns fast wie Eindringlinge in einer DDR-Laubenkolonie vor. Ein zusammen sicher 150 Jahre altes Ehepaar verließ in einem Fischerkahn mit traditioneller Besegelung den Hafen; sie an den Riemen, er steuerte. Klasse Arbeitsteilung, fanden wir, aber bei den heutigen emanzipierten Frauen wohl nicht mehr zeitgemäß. Einer von uns unkte, ob wir die beiden bei den frischen Winden abschreiben sollten. Aber zusammen hatten die sicher 100 Jahre Segelerfahrung. Und siehe da, nach zwei Stunden tauchten sie wieder auf.

In Zingst begann die Suche nach einem geeigneten Liegeplatz. Aber bitte mit Zeltmöglichkeit, da sich Juanita doch als ziemlich enge Schlafstatt herausgestellt hatte. Nix da! Aus dem Anglervereinshafen wurden wir sofort wieder heraus komplimentiert („Was wollt Ihr denn hier!") und der Yachthafen mit als „frei" gekennzeichneten Boxen wollte uns noch nicht mal die Leinen festmachen lassen („Hier gibt's nix mehr, ihr braucht gar nicht erst festmachen!"). Bei soviel Freundlichkeit entschlossen wir uns dann einmütig, nach Barth abzulaufen, wo auf der Kanuwanderkarte eine kleine Anlegestelle mit Zeltsymbol eingezeichnet war. Dann kam noch etwas gruppendynamischer Frust: Archimedes fühlte sich abgehängt, da wir auf Juanita als dem schnelleren Boot immer den Hafen-Kundschafter spielten und die anderen dann hierhin und dorthin winkten. Aber basisdemokratische Entscheidungen sind nun einmal beim Segeln schwierig, und dass unsere drei Handys meistens entweder keinen Saft oder kein Guthaben mehr hatten, machte die Abstimmung auch nicht einfacher. Also ging es nach Barth. Wir in Juanita preschten voran und hatten bestimmt eine halbe Meile Vorsprung. Leider hatten wir keine Ahnung, welcher der vielen erkennbaren Bootstege am Ufer nun der richtige sein sollte. So zogen wir einfach in Ufernähe das Schwert hoch und machten an einem Steg fest, wo auch schon ein Zelt zu sehen war. Da wir nach der Kanuwanderkarte fuhren, hatten wir relativ wenige Informationen über die genauen Wassertiefen und müssen wohl mit etwas Glück über einen Buckel gerutscht sein. Jedenfalls brezelte Archimedes ziemlich übel auf Sand und die Crew war stocksauer, da wir uns schon wieder nicht beim Landfall mit ihnen kurzgeschlossen hatten. Überdies waren wir für sie gegen die Sonne schwer zu sehen gewesen, während sie für uns aus der Gegenrichtung stets gut erkennbar waren. Sie waren offensichtlich der Meinung, dass wir genau wussten, wo wir hin mussten; dabei war ihre Seekarte navigationstechnisch viel genauer. Naja, das Missverständnis konnte aus der Welt geschafft werden. Jedenfalls habe ich aus dieser Aktion etwas gelernt: Wenn man schon keine funktionierende Handy-Verbindung zwischen den Booten etablieren kann und man dennoch nicht ständig auf das langsamere Boot warten möchte, müssen die vorher getroffenen Absprachen eindeutig und die jeweils an Bord verfügbaren Informationen (Karten etc.) möglichst gleichwertig sein.

Zum Ausklang des Abends zogen wir über das Barther Hafenfest, das es sich nicht nehmen ließ, jeden Abend ein mächtiges Feuerwerk abrauchen zu lassen, was ich einigermaßen inflationär finde.

„Rübe runter und durch“

Aus Barth kamen wir erst am Nachmittag los, da wir noch Vorräte bunkern mussten. Und den ortsansässigen Bootsausrüster inspizieren: Karsten liebäugelte mit einer schwengelbetriebenen Lenzpumpe, um das obligatorische „Kampflenzen“ des nächtens im Liegen zu ermöglichen. Der Holzpirat war zu der Zeit nämlich ein Boot, das leider nicht völlig dicht quoll. Wenn zwei schlafende Personen darin lagen, machte es etwa 15 Liter pro Stunde Wasser. Die Schwengelpumpe hatte aber einen Apothekenpreis und so blieb es bei der üblichen Handlenzpumpe. Wir fuhren erneut an Zingst vorbei, ohne aber einen Euro dort zu lassen. Die Brücke sollte angeblich im geschlossenen Zustand mit gelegtem Mast „in aufrechter Körperhaltung“ zu passieren sein, tatsächlich musste man sich aber ganz schön ducken und außerdem setzte ein Strom im Rücken von sicher 2 Knoten durch diese hindurch. Mir ist schleierhaft, wie das Passieren für uns in der Gegenrichtung möglich gewesen wäre. Paddelnd jedenfalls nicht. Das Legen der Masten machten wir als Premiere mal unter Anker. Sogar ohne irgendwelche Splinte oder Schäkel zu versenken. Auf Juanita ist das immer eine ziemliche Tüddelei; Karsten hingegen brüstete sich auf Archimedes mit dem Hinweis, das habe „nur 7 Minuten gedauert“.

Zum Kurs auf Wieck wurde dann endlich mal der Spi rausgeholt, was wir bisher als zu verwegen angesehen hatten. In Wieck gab's wieder das übliche Gestocher nach dem „richtigen“ Hafen. Wir landeten dann doch im falschen, der aber auch okay war. Nachteil war, dass man auf dem Privatgelände nicht zelten durfte und ein Klo gab es auch nicht. Wir waren aber einfach zu müde, um noch in den öffentlichen Hafen von Wieck zu verholen, wo man beides gekonnt hätte. Das nächste Mal eben. Dafür haben wir Herrn Pfefferkorn glücklich gemacht, der uns stolz seinen Kumpels als „die ersten Gastlieger" präsentierte.

Mit Affenzahn zum Intercity

Wir verbrachten eine ruhige Nacht am Boden der Piraten liegend, da der Hafen einigermaßen geschützt gelegen ist. Früh standen wir auf, da das größte Stück der Tour nun vor uns lag, und das am letzten Tag. Jeder erledigte seine Aufgaben, so wie es sich gerade anbot: Brötchen holen, Persenning zusammenlegen, Pirat segelklar machen und so weiter, so dass wir tatsächlich einmal vor 11 Uhr auslaufen konnten. Der Wind war günstig, Stärke 4 von achtern; der Spi wurde wieder ausgepackt. Der Kurs ging weiter in den sich schlängelnden Koppelstrom - schwer den Spi unter Kontrolle zu halten. Es war heiß und die Luft ließ Gewitter erahnen, wie es auch vorhergesagt war. Wir durchquerten den Saaler Bodden mit Ziel Althagen, um noch ein Bad an der Seeküste zu nehmen. Mittlerweile hatte sich der Himmel ziemlich eingetrübt und der Wind wurde böiger, so dass wir die Spinnaker bargen. Es ging mit Affenzahn zur Sache. Gerade noch rechtzeitig vor den ersten Gewitterböen machten wir fest und kehrten in der Hafengaststätte ein (teuer, aber nicht gut). Wir waren etwas geschafft; die Strecke unter Spi hatte geschlaucht. Mit dem Baden wurde es nix. Stattdessen kam ein mächtiger Gewitterregen auf, als wir gerade in den Dünen waren. Johannes und ich suchten bei einem Italiener Zuflucht, um dort den schlechtesten Kaffee und den stärksten Tee unseres Lebens zu trinken, zum Preise von zusammen sieben Euro und neunzig Cent. Das ist wohl die Kehrseite von Urlaubsparadiesen wie diesem. Angenehm optisch bereichert wurde diese Erfahrung durch die offenbar allein erziehende „Edelschnecke“ an unserem Tisch, die mit ihrem Sohn eine Radtour machte. Egal, wir waren eigentlich zu müde zum Flirten; ich glaube unser Äußeres war auch nicht gerade dazu angetan nach 2 Tagen Duschpause. Das Gewitter war vorüber und weiter ging's. Ob der immer noch drohenden Schwärze am Himmel ließen wir die „Tüte“ zunächst in derselbigen stecken, eigentlich reichte der Wind auch so. Doch irgendwann juckte es uns dann wieder: Es war schließlich der letzte Tag und bei den Temperaturen hätten wir sogar eine Kenterung wegstecken können. Was folgte waren zwei Stunden Brausefahrt mit Schaum vorm Bug und zitterndem Ruder. Einige Meilen vor Ribnitz fielen solche Böen ein, dass wir auf Juanita - gerade noch rechtzeitig wie wir fanden - die schlagende „Blase“ bargen. Gespannt beobachteten wir hinter uns Archimedes. Aber wie erwartet setzte Karsten alles auf eine Karte und ließ die Blase stehen bis zum Schluss, als es aufgrund des Fahrwassers auf Halbwind-Kurs ging. Ich staunte nicht schlecht, wie der alte Kasten das Wasser durchpflügte! Und dabei zu keinem Zeitpunkt instabil wirkte! So fühlte sie sich an: die Droge Segeln. Die musste ja bei den Binnenländlern auch wieder für ein Jahr wirken. Per SMS bekam ich von meiner besseren Hälfte die Abfahrtszeiten der Bahn auf das Handy, und nach einer etwas umständlichen Liegeplatzsuche endete die Tour in Ribnitz. Um 20:42 saßen wir alle geschafft aber glücklich im Intercity nach Stralsund.

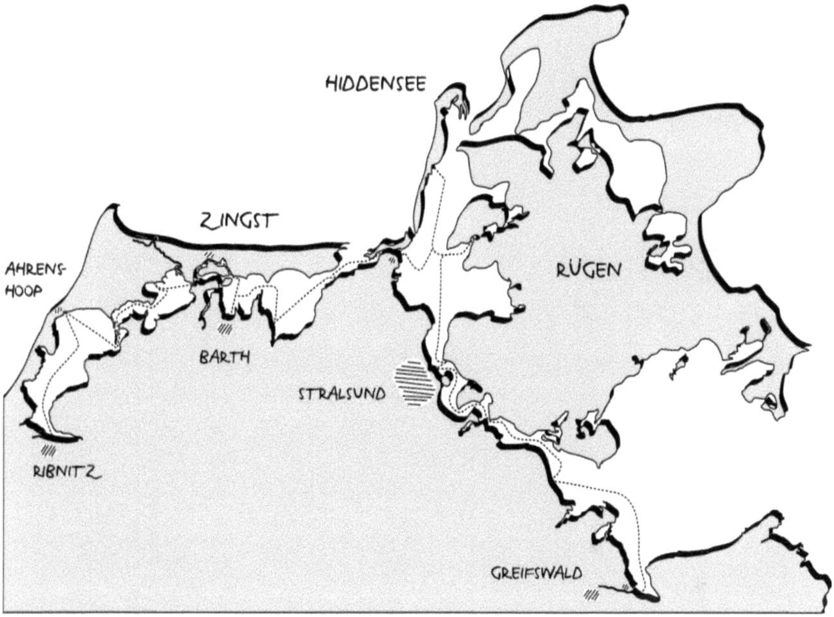
HIDDENSEE
ZINGST
AHRENS-
HOOP
BARTH
STRALSUND
RÜGEN
RIBNITZ
GREIFSWALD

2

Einhändige Herausforderung

Ein Wochenendritt nach Puddemin

Ich kehrte Pfingstsonntag, den 15.5.2005, aus dem Rheinland zurück, wo ich zusammen mit meiner Familie den 70-sten Geburtstag meines Schwiegervaters feierte. Die Feier geriet etwas anstrengend, da mein einjähriger Sohn Martin nicht daran dachte, einfach so einzuschlafen in der fremden Umgebung. Trotzdem, so ahnte ich schon, sollten diese Anstrengungen unbedeutend gegen das werden, was ich schon seit Monaten plante: den ersten Einhandtrip mit Übernachtung auf „Juanita“. In den Wintermonaten hatte ich genügend Zeit und Muße, mich mit den Zielen in der näheren Umgebung von Greifswald zu beschäftigen. Der kleine Hafen Puddemin im Strelasund auf Rügen wirkte auf dem Bild im Hafenführer recht verschlafen und einsam; genau richtig um mal wieder in Ruhe eine Nacht unter der Persenning zu verbringen. Diese Idylle, 16 Seemeilen entfernt, hatte ich also ins Auge gefasst, sollten es Wind und Wetter erlauben.

Windige Aussichten

Der Montag nach Pfingsten war dementsprechend Pfingstmontag, wie mir so langsam dämmerte. Das bedeutete, dass sämtliche Geschäfte geschlossen hatten. Vor meinem geistigen Auge hatte ich mich schon durch den „Real" im „Elisenpark" hasten sehen, wie ich es bisher immer vor einer Piratentour zu tun pflegte. Daraus wurde nun nichts. Von Glück konnte ich sagen, dass zumindest ein Bäcker in der Innenstadt offen hatte und ich somit meinen Vorrat an verschimmeltem Toastbrot mit frischeren Backwaren aufpeppen konnte. Das Wetter war leidlich; gut wäre übertrieben, aber richtig schlecht konnte man es schon aus taktischen Erwägungen nicht nennen, da sonst die Familie - genauer gesagt die Ehefrau - womöglich ein Aufgeben des Unterfangens nahe gelegt hätte. Die Windvorhersage vor dem Frühstück lautete „fünnef", aus westlichen Richtungen, was sogleich - bei mir bei diesem Wert üblich - die Verdauung stark anregte und den Appetit drosselte. Hmm, nach einer selbst aufgestellten Regel sollte man ab Stärke fünf nur in geschützte Gewässer aufbrechen. Die Einfahrt in den Strelasund als „geschützt" zu bezeichnen, wäre nun etwas vermessen. Aber ich war hervorragend vorbereitet und ging im Geiste meine Sicherheitsausrüstung durch: Wegen Kenterschutzkissen am Mast und Trockenanzug konnte mir sogar eine Kenterung kaum was anhaben. Und außerdem: Fünf bedeutete immerhin nicht sechs; bei dieser Stärke wäre die Jolle kaum noch zu halten gewesen. Fünf aus Westen ließen eine rauschende Fahrt unter gerefftem Groß erwarten, wegen Landschutzes ohne größere Wellen. Lediglich im Strelasund wäre mit etwas Welle zu rechnen. Doch hier wäre dann ja bereits das Gröbste geschafft. Trotzdem lief ich mit einem etwas unguten Gefühl und dem Vorsatz, im Zweifelsfall wieder umzudrehen, gegen 12:20 Uhr aus dem Hafen. Eine ganze Armada an Schiffen kehrte gerade von ihrem Pfingst-Törn zurück. Die meisten gerefft, allerdings auch ein H-Boot und ein Folke unter Vollzeug, was bei denen aber auch nicht viel aussagt. Ich fuhr zunächst unter Fock und setzte dann hinter der Einfahrt das gereffte Groß. Der Himmel war grau, mit feisten, dunkelgrauen Wolken, in denen jedes Mal eine gute Portion Wind steckte. Ich fuhr mit halbem Wind nach Norden. So auf Höhe der Halbinsel Koos wurde das Ganze dann zunehmend nicht mehr lustig: Ich fuhr zuviel Lage und musste in den Böen das halbe Groß killend auffieren. So war das ganze zu „kasperig". Wenn ich nicht hinter Koos hoch an den Wind gemusst hätte, wäre ich wohl nur unter Fock weitergelaufen. Aber so brauchte ich das Groß. Es half nichts, noch mehr Segelfläche musste weg. Also das Groß weit aufgefiert und aufs Vordeck geklettert, um die Fock zu bergen (die Fock zu bergen ist bei meinem modernen Rigg während der Fahrt nur möglich, indem man sie um das Vorstag wickelt, da das Fockfall vorgespannt wird und nur durch heftigen Zug quer zum Vorstag gelöst werden kann; leider hatte ich damals noch keine Rollfock). Sicherheitshalber band ich die Vorleine am Gurt meiner Rettungsweste fest. Falls ich den Halt verlieren und überbord gehen sollte, hätte ich noch Kontakt mit dem Boot.

Fock oder Fahne

Also den Schotschäkel los und dann versuchen, die Fock ums Vorstag zu wickeln (eine Hand am Mast). Das Tuch knattert natürlich wie eine Fahne im Wind und ist kaum zu bändigen. Ohne Rücksicht auf ein völliges Verwringen des Tuches bekomme ich die Fock weg. Dann wieder Schäkel dran und weiter geht's. Puh, das war nicht ungefährlich, erstmal durchatmen, das wäre geschafft. Das Boot verhält sich gleich viel gutmütiger. Mit nur einer Schot können jetzt auch die Böen besser pariert werden. Ich laufe so dicht unter Land wie es mir tief genug erscheint. Nördlich der Halbinsel Koos zieht sich eine Untiefe, der Kooser Haken, bis zu einer Seemeile weit seewärts. Ich habe keine Ahnung, ob ich genug Abstand habe, denke es ist eher eine halbe Meile. Aber das Wasser ist wohl noch tief genug, wenngleich die Karte auch Stellen mit 0,7 m und Steinen ausweist. Hinter mir ist jetzt eine kleine Fahrtenjacht aufgekommen, wie ich fährt sie nur unter gerefftem Groß. Irgendwie beruhigend, dass noch jemand hier lang fährt. Dann wird das Wasser plötzlich sehr hell und wenig später setzt das Schwert auf, zum Glück auf Sand. Ich falle etwas ab und lasse das Schwert halb oben, bis das Wasser wieder dunkler wird. Herrje, da kommt schon der nächste Buckel. „Also jetzt segele ich wohl mitten durch die Flachs hindurch, naja, wozu ist man denn Schwertboot“, spreche ich mit mir. Ich wundere mich etwas über die Fahrtenjacht, denn die geht noch weiter innen lang als ich. Vielleicht ist da irgendeine Geheimpassage, die nur Einheimische kennen. Ich gehe auf Nummer sicher und versuche seewärts tieferes Wasser zu erreichen. Das Boot läuft trotz halbem Schwert immer noch recht gute Höhe und auch die Krängung ist reduziert, weswegen ich das Schwert auch im tieferen Wasser nicht ganz wieder setze. Die Fahrtenjacht bleibt zurück. Sie hat sicherlich auch Grundberührung gehabt. Ich vermute dass es keine Jacht mit Festkiel ist, das wäre sehr leichtsinnig. Sie behält den Kurs bei, aber fällt weiter zurück. Ich fahre mittlerweile guten „Speed“ am Wind und langsam setzt eine kurze, harte Welle aus dem Strelasund ein. Das Boot kommt aber erstaunlich zäh dagegen voran. Ich bin - wieder einmal - überrascht und begeistert von den Segeleigenschaften des Piraten, der jetzt nur noch mit etwa sechs Quadratmetern Segelfläche gegen Wind und Welle anbolzt. Manche Wellen sind zu steil und lassen das Boot hinein krachen, dass es in der Takelage scheppert. Viel Wasser kommt über, wird aber schnell von den Selbstlenzern hinausbefördert. Die Fahrtenjacht ist nicht mehr in Sicht, der Kollege hat wohl die Lust verloren. Ich versuche so viel Höhe wie möglich zu halten und kann Stahlbrode eben anliegen. Jetzt kommen Fischernetze in Sicht. Durch einen Schlag bei Saisonauftakt bin ich gewarnt, dass zwischen den Fähnchen vielfach Leinen gespannt sind, die man erst einige Meter vorher anhand von kleinen weißen Schwimmkörpern erkennen kann. So auch diesmal. Ich drehe ab und finde eine Passage zwischen zwei eng stehenden Fähnchen hindurch, die solchermaßen wohl markiert wird. Der Wind bleibt weiter stark mit einzelnen Böen, die vielleicht an sechs heranreichen. Ich merke langsam, wie ich erschöpft werde und daher versuche ich, mich so ökonomisch wie möglich zu bewegen. Versuche, nicht zu verkrampfen, sondern beim Ausreiten mein Gewicht spielerisch zu balancieren. Sogar einen Tee aus der Thermoskanne kann ich mir zwischen den Knien einschenken. Außerdem bekomme ich durch die nun rasch schrumpfende Entfernung zum Ziel neue Energie. Es ist wahnsinnig anstrengend aber macht zugleich unglaublich viel Spaß! Eine Meile hinter Stahlbrode ist es geschafft: Das Fahrwasser von Puddemin zweigt ab und ich kann die Schoten auffieren. Dort ist Obacht geboten, da die Rinne von ostseitigen Flachs gesäumt wird, auf denen die Vögel stehen. Auch ein dicker Findling ragt mit seinem oberen Drittel einladend aus dem Wasser, vielleicht 20 Meter vom Fahrwasser entfernt. Die Tonnen stehen recht weit auseinander. Immer gerade nur die nächste kann man sehen. Ich turne nach vorn und schraube das Fass auf, um mir den Hafen im Hafenhandbuch genauer anzuschauen. Von einem Fischersteg wird abgeraten. Bleibt nur die Betonmauer mit vergammelnden Pfählen, die auf dem Foto zu sehen sind. So hoch hatte ich die nicht erwartet, immerhin zwei Meter über meinem Deck! Ich mache an einer Stelle fest, wo wenig Vertrauen erweckende Sprossen angezimmert scheinen. Ein Klimmzug mit Balanceakt an Land und dann die Leinen festgemacht. Als erstes wird nun einmal die Rumkugel „inhaliert“, die wird ja auch nicht besser. Schaue mich um: sehr ruhig, außer mir nur eine

Motorjacht da, die den Eindruck eines Dauerliegers erweckt. Ein Schild mit Aufschrift '(K)ein ordentlicher Hafenliegeplatz', das 'K' wegradiert. Für mich ist der Platz goldrichtig. Raus aus den Klamotten und dann die knapp zwei Kilometer zu dem Geburtshaus von Ernst Moritz Arndt losgewankt, schließlich hat der die Universität von Greifswald gegründet. Dann Spaghetti auf dem „Trangia".

Kühlschrank eingebaut

Schon bald nach dem Mahl mache ich mich bettfertig. Was anziehen? Es ist irgendwie schweinekalt. Die Butter ist hart und das Bier kühl. Sogar das Handfett lässt sich nur mit Gewalt aus der Tube pressen. Ich ziehe Schurwoll-Troyer, Jogginghose und darüber die Fleece-Latzhose an. Dann ab in den Schlafsack. Der heizt gut ein: Ein Deckenschlafsack von Lestra, frisch erworben, für mehr Beinfreiheit intern. Ich entledige mich wieder der Fleece-Hose und der Wollsocken. Es ist urgemütlich unter der Persenning. Ein Teelicht im Glas spendet Licht. Man sieht den Atem. Ich genieße die Ruhe (und mein Bierchen) und mache es mir in meiner engen Schlafstatt so gemütlich, wie es im Piraten eben geht. Praktischerweise kann man allein übernachtend eine ganze Seite des Bootes mit Klamotten belegen, ohne dass es irgendwie überfüllt wirkt. Das ist eindeutig komfortabler als zu zweit an Bord. So gegen fünf Uhr morgens erwache ich, weil mir kalt ist. Ich ziehe die Fleece-Hose wieder an. Später recherchiere ich: Es war nur sechs Grad in dieser Nacht, da war der Schlafsack wohl an seiner Grenze.

Ausgepowert

Nächster Morgen, 7:30 Uhr: Nach den letzten zwei Stunden im Tiefschlaf geht's mir besser. Ich fühle mich zwar etwas abgeschlagen aber trotzdem ausgeschlafen. Der Rücken zwickt an mehreren Stellen, die gestern hart beansprucht wurden. Ein Kuckuck ruft. Auch die an der Betonmauer nistenden Mauersegler oder Schwalben - was genau vermag ich nicht zu sagen - machen Krawall. Die possierlichen Tierchen saßen schon am Abend auf meinen Festmachern. Zum Früh-

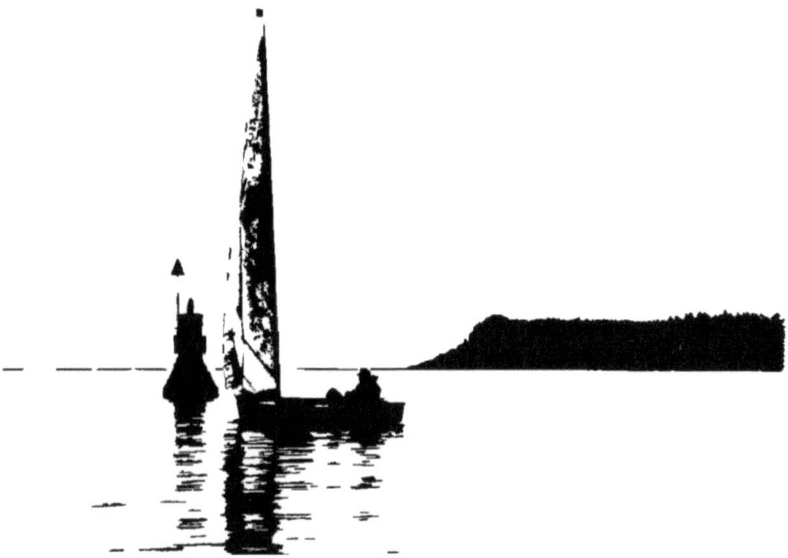

stück habe ich nicht viel zu bieten. Leider keinen Orangensaft, aber dafür Tee und Käsebrot. Dann noch eins mit Honig. Lange überlegt und dann doch in den Busch gesch...aut. Ewig am Reitbalken geschraubt. Merke: Erstmal alle Schrauben durchstecken und dann anziehen, sonst passt es nicht. Ich genieße den jungen Tag, lecke meine Wunden, lade mein Handy mit den Solarzellen und habe es nicht eilig. Gegen 11:20 Uhr schmeiße ich mich los. Der Wind hat gute 3, ich kann ausgerefft fahren. Ein paar Kreuzschläge muss ich machen. Auf dem Wasser wird es sofort kalt; ich liege bei, um mich in den Trockenanzug zu schälen. Bis Stahlbrode geht es gut voran. Dann setzt eine Mittagsflaute ein und ich mache nur noch wenig Fahrt. Die Bewölkung lockert auf und es wird richtig warm. Ich ziehe zumindest das Ölzeug aus. Gestern war ich die ganze Zeit in diesem Mehrschichtsystem gesegelt: Fleece, Trockenanzug, Ölzeug und Rettungsweste. Das ist heute zu warm. Ich merke, dass ich etwas ausgepowert bin. Hoffentlich erfordert die Fahrt keine große Kraftanstrengung mehr. Ich muss aufpassen, dass ich nicht einschlafe. Jetzt wäre es schön, wenn man zu zweit wäre und sich ablösen könnte. Oder einfach klönen oder irgendwas gemeinsam futtern. Aber der Wind meint es gut. Mit 2-3 komme ich gemächlich voran und sichte irgendwann endlich die alten Bohrinseln. Von denen aus ist es nicht mehr weit. Ich trinke Tee und muss daher oft beiliegen, um Flüssigkeit abzusondern. Meine Hände gehen mittlerweile in einen anderen Aggregatzustand über. Seit Monaten habe ich schon diese extrem trockene Haut, immer an der Grenze zu einem Handexzem. Alles Fetten und Cremen scheint nichts zu bringen. Jetzt fühlen sich die Hände an wie ein Reibeisen und brennen. Ich tauche eine Hand ins Wasser. Das kühlt angenehm und vielleicht hilft es. Baden im Toten Meer hilft schließlich auch gegen Neurodermitis. Die linke Hand lasse ich unbehandelt als Referenz. Ich denke, dass ich um einen Termin beim Hautarzt nicht herumkomme.

Gegen 16:30 Uhr komme ich in Greifswald an. Ich habe kaum noch Mumm. Zum Glück helfen mir zwei nette Menschen am Steg und ziehen das Boot den Slip hoch. Andernfalls hätte ich das Auto angespannt, aber so ist es mir lieber, da es schneller geht. Jetzt noch das Gepäck verladen und das Boot auf das Gelände des akademischen Segelvereins geschoben. Mit einem letzten Rest an Motivation schrubbe ich Schmutz vom neuen weißen Gelcoat und lasse mich dafür sogar noch von ein paar Mücken zerstechen. Jetzt nur noch nach Hause. Ach ja: Da der Kühlschrank leer ist, kaufe ich im Fischimbiss größere Mengen an Fischbouletten und Kartoffelsalat. Jetzt kommt nur noch das lästige Geschäft: Auspacken, Trocknen, Säubern und verstauen, bis zum nächsten Mal, bestimmt bald. Und aufschreiben, wie es war. Gut war's! Und reichen tut's mir auch (zumindest bis zum nächsten Wochenende, da ist Einhandregatta).

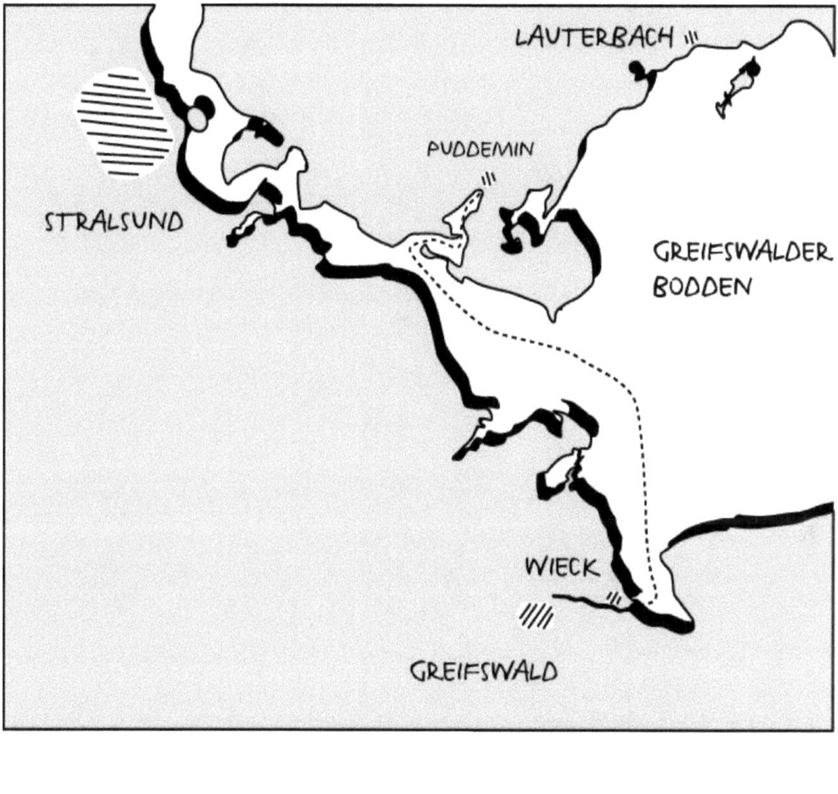

3

Frühnebel

Oder: Wie man schneller altern kann

Ich hatte mir für den Ausklang der Saison noch eine Kurztour mit einer Übernachtung vorgenommen. Ich konnte einfach nicht genug kriegen vom Wasser, von der Natur, von der Poesie des Dahingleitens und den Nächten unter freiem Himmel. Das Wochenende vor dem 3. Oktober bot sich dafür an. Mein Freund Jan hatte lebhaftes Interesse signalisiert, musste dann aber doch kurzfristig aus beruflichen Gründen zurücktreten. Was mich natürlich keineswegs von der beschlossenen Herbsttour abhielt, denn Einhandtouren haben schließlich auch ihren ganz besonderen Reiz. Der Wetterbericht verhieß am Samstag Durchzug eines Regengebietes mit Böen bis Stärke 7, am Sonntag West 3, norddrehend, und am Tag der Einheit Nord 2-3, bei zunehmender Wetterbesserung. Am Sonntag wollte ich los. Mein Ziel war die Badestelle Tremt, 12 Meilen nordwestlich von Greifswald im Eingang zum Strelasund. Bei diesen Bedingungen wohl gut zu erreichen. Den Platz kannte ich schon von der Piratentour im letzten Jahr. Ich hatte seit der Sommertour die Ausrüstung mehr oder weniger startfertig auf dem Dachboden gelagert, um die Vorbereitungszeit zu minimieren. So brauchte ich nur eineinhalb Stunden, bis das ganze Gepäck zusammengestellt und im Kofferraum war. Unser Sohn zog es am Sonntagvormittag allerdings vor, eine dermaßen schlechte Laune zu haben, dass es kaum zu ertragen war. Er schrie in einer Tour und ließ sich gar nichts gefallen: Beim Anziehen warf er sich auf den Boden und es war praktisch kaum möglich, ihm die Schuhe zuzubinden. Was war ihm nur für eine Laus über die Leber gelaufen? Meine Frau wollte mit ihm in den Tierpark, aber mit diesem Derwisch erschien das nicht besonders einfach zu werden. So entschloss ich mich, erst nach dem Mittagessen aufzubrechen und wir gingen gemeinsam. Im Tierpark war Sohnemann dann ganz brav, fütterte die Enten, streichelte die Ziegen und warf gefundene Steine in die Mülltonne.

Paddeln bis die Sonne untergeht

Eine Stunde nach Aufbruch von zu Hause war ich mit dem Wiecker Glockenschlag um zwei Uhr auf dem Wasser. Der Himmel war bewölkt mit gelegentlichen Aufheiterungen. Kein Regen und milde 15°C; das war für Anfang Oktober ein ganz passables Wetter, fand ich. Die vorhergesagten West 3 ließen mich überdies gut vorankommen. Hinter den Bohrinseln schralte der Wind allerdings, so dass ich mit Kreuzschlägen begann. Weil der Wind abnahm, kam ich immer langsamer voran. Solche Details sind dem Seewetterbericht ja nur selten zu entnehmen aber für diese Jahreszeit typisch. Noch etwa 5 Meilen. Ich zückte das Paddel, wenn der Wind gar zu sehr nachließ, denn ich wollte auf jeden Fall noch vor Sonnenuntergang ankommen. Ein wunderschöner Abendhimmel, unter dem ich „mühsam nährt sich das Eichhörnchen“ spielte.

Das Leuchtfeuer am Ufer von Tremt kam in Sicht. Noch eine Meile, die ich größtenteils paddelte. Mit dem Versinken der Sonne hinter der

Uferböschung um 18:30 Uhr setzte ich den Bug auf den Strand. Den Anker grub ich an Land ein. Zuhause gab ich per Handy Entwarnung. Nun schnell noch im Hellen das Zelt aufgebaut. Zum Abendbrot auf einer Holzbank (Heringe aus der Dose und Malzbier) brannte schon die Funzel. Eigentlich wie im Sommer, dachte ich, nur dass man Sturmlaterne und lange Unterhose an hat. Es war richtig gemütlich, hier draußen zu sitzen. Erstaunlich viel Publikumsverkehr war noch an diesem lauschigen Örtchen. Pärchen, die „noch mal eben kurz zum Strand“ wollten. Ein paar Jugendliche, die Befestigungssteine der Slipanlage ins Wasser rollten und wohl noch zu anderen Späßen aufgelegt waren. Um die Aufmerksamkeit nicht auf mich zu lenken, verlöschte ich die Sturmlaterne. Irgendwann knallten die Türen ihres tiefer gelegten Sonstwas mit Ostvorpommern-Kennzeichen, und zu dem obligatorischen gedämpften Wummern der Musikbässe zogen sie von dannen. Es wurde ruhig. Ich bekam langsam klamme Füße, gegen die ich etwas unternehmen wollte. Dazu hatte ich mir ein Schraubglas mit Havana Rum (7 años) mitgebracht, das ich mir zusammen mit erhitztem Wasser und Zucker zu Gemüte führen wollte. Der Trangia, im dem natürlich wieder einmal der Brenner ausgelaufen war, tat seinen Dienst. Der nach einer Meerwasser- und Sandreinigung noch verbliebene Geschmack von Spiritus im Wasserkessel harmoniert eigentlich ganz gut mit dem Grogaroma, fand ich. Die doppelte Wirkung des Getränks - Erweiterung der Gefäße durch den Alkohohl sowie zugeführte Wärme - machte auch vor meinen Füßen nicht halt. Inspiriert von dem Gebräu wanderte ich mit der Taschenlampe um mein Boot herum und machte Pläne für die nächste Winterarbeit: Ich überlegte die Installation einer Rollfock und den Ausbau des Reitbalkens. Müsste ich den Lack schon diesen Winter einmal komplett erneuern? An den Stößen der oberen Sperrholzschicht drang schon an einigen Stellen Feuchtigkeit ein. Eine hochwertige 2-komponentige Lackierung würde man am besten nass in nass gespritzt in einer Werft machen lassen. Vielleicht ein Kompromiss aus selbst Schleifen und professionellem Lackieren? Das Gelcoat hatte ich vor einem Jahr durch einen Bootsbauer erneuern lassen, das hätte ich nie so gut gekonnt und schließlich möchte ich mein Boot ja nicht verhunzen. Aber selber werkeln macht auch Spaß.

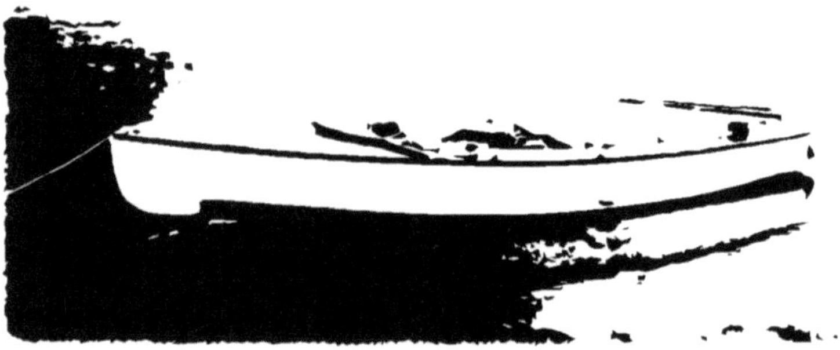

Pläne für den Winter

Wenn ich so um mein Boot herumgehe, hier am Stand von Tremt, mit dem seligen Gefühl von zwei Grogs im Bauch, kann ich nichts anderes sagen, als dass ich sehr zufrieden bin mit meinem Kauf und dem, was ich bisher daraus gemacht habe. Die Zeiten am Holzpirat, wo es ums „nackte Überleben“ der Substanz ging, möchte ich zwar nicht missen, aber wohler ist mir so. Halb elf, es wird Zeit in den Schlafsack zu kriechen. Ich höre ein wenig Radio, die Hochrechnungen der verspäteten Wahl in Dresden liegen vor. Wie üblich werten alle Parteien diese Wahl als Erfolg und weitere Bestätigung ihrer Machtansprüche. Es ist schon bitter, dass heute am 15. Jahrestag der Einheit eine neue Regierung ganz weit weg erscheint und unser Land trotz aller politischen Talkshows führungslos dahindümpelt. Ich lausche noch diversen anderen Sendern, klassischer Klaviermusik und coolen Chill-out-Klängen (von Enjoy Radio), bevor ich mir den Schlafsack über die Ohren ziehe und einschlummere. Die Nacht ist nicht allzu kalt und ich schlafe mit nur wenigen Unterbrechungen bis morgens um acht. Die Vorpommern frönen derweil ihrer Angelleidenschaft: Seit sechs Uhr werden immer wieder Angelboote abgeslippt. Draußen ist es neblig und von den Bäumen über meinem Zelt fallen klatschend dicke Tropfen. Die Luftfeuchtigkeit ist gesättigt, so scheint es. Was gibt es da schöneres, als einen Tee zu kochen? Zum Frühstück gibt's außerdem eine Banane und ein Gläschen O-Saft zum Aufwachen. Nach ein paar Schritten zum Boot und zurück ist klar: Im Moment ist Abwarten und Teetrinken angesagt, da Windstärke gleich Null. Ich frage mich, wie die Angler wohl zurückfinden. Entweder mit GPS, Kompass oder durch Abwarten bis der Nebel sich gelichtet hat. Was mache ich? Erstmal das Zelt abbauen, dann ein zweites Frühstück: Brot mit Leberkäse und süßem Senf, als Reminiszenz an meine Münchner Zeit. Eine Kleinfamilie steigt aus dem Auto. Der etwa 3-jährige Sohn hat ebenfalls einen schlechten Tag. Er ist schon heiser vom Schreien und jammert in einer Tour. Dagegen war Martin ja noch ein Waisenknabe. Das Boot lenkt ihn kurzzeitig ab. Aber auch das macht ihm Kummer, immerzu weint er und schluchzt etwas, wo jetzt auch „das Boot" drin vorkommt. Ich überlege, ob ich hingehen soll und es ihm zeigen. Aber die Mutter scheint für derartige Experimente nicht aufgelegt zu sein. Der Vater ist schon weit vorangegangen. Er muss sich seine Birne wohl erstmal gründlich durchlüften. Seit ich Vater bin, kann ich vieles besser verstehen, was Eltern manchmal durchmachen. Aber auch Kindern begegne ich anders. Mit mehr Zuwendung und Faszination als früher. Irgendwann klappt auch bei der Familie die Kombitür mit einem satten Sound ins Schloss und erstickt das Wimmern des Kindes. Mir wird kühl.

Erst beim Packen wird mir wieder wärmer, denn Tee allein reicht mir bei Temperaturen knapp oberhalb von 10°C nicht aus, um warm zu bleiben. Ich brauche körperliche Aktivität. Gegen elf ist alles verstaut und ein leises Lüftchen aus Nordwest regt sich. Ich gehe davon aus, dass sich der Nebel bald lichtet und stake vom Ufer frei. Schon bald werde ich verschluckt von einer Nebelwand und habe als einzige Orientierung meinen Kompass. Ich habe vor, auf genauem Ostkurs nach 2½ Meilen die Eingangstonne zum Riemser Fahrwasser zu treffen. Schätze, dass ich dafür eine gute Stunde benötigen werde. Zwischendurch lässt der Wind allerdings sehr zu wünschen übrig und ich kann auf dem Grund die Wasserpflanzen sehen, so langsam fahre ich. Gegen eins wird klar, dass ich die Tonne wohl verfehlt haben muss. Kein Wunder, bei der Suppe sieht man nicht viel mehr als 100 Meter, und so genau kann man auf die Distanz hin einfach nicht steuern. Die partielle Sonnenfinsternis ist gut zu sehen, der Nebel ersetzt eine Spezialbrille.

Ein bisschen gruselig ist es schon

Ein bisschen mulmig ist mir in dieser merkwürdigen Szenerie. Auf jeden Fall jetzt keinen Blödsinn machen, wie z.B. beim Pinkeln über Bord gehen, was natürlich niemals eine besonders gute Idee ist. Ich leine mich kurzzeitig an, aber das erzeugt eher noch mehr Stolpergefahr und so verwerfe ich das wieder. Ich bin ja auch noch nie aus dem Boot gefallen. Aber die Vorstellung, im Wasser schwimmend sein Boot in den Nebel davon segeln zu sehen, ist einigermaßen gruselig. Mit Klamotten im Wasser schafft man sicherlich nicht mehr als einen Knoten. Wie schnell ist ein steuerlos dahin treibender Pirat? Ich zwinge mich, diese Gedankenkette nicht weiter zu spinnen. Ist das eigentlich Leichtsinn, was Du da treibst, frage ich mich. Eigentlich nicht, denn wozu ist eigentlich ein Kompass da, und mit der Seekarte und der geschätzten Bootsgeschwindigkeit kann ich doch durch dieses Gebiet gefahrlos navigieren. Jedenfalls bei diesem schwachen Wind. Wenn ich Kurs halte, müsste ich eigentlich bald in das von Backbord in meinen Kurs einmündende Fahrwasser im Strelasund kommen. Von Backbord höre ich alle paar Minuten ein Nebelhorn tuten, was stetig achteraus wandert. Also ein mir entgegenkommendes Schiff, was in der Fahrrinne fährt, schlussfolgere ich. Ich habe kein Nebelhorn. Auch wird mir schmerzlich bewusst, dass ich mich das letzte Mal vor 20 Jahren zur Segelscheinprüfung mit der Signalgebung bei Nebel auseinandergesetzt habe. Ein langes Tuten heißt Achtung, soviel weiß man ja noch. Auf der Schwimmwestenpfeife was zu blasen wäre sicherlich keine gute Idee, da das vielleicht falsche Assoziationen wecken könnte. Außerdem fahre ich mit Sicherheit noch außerhalb der Fahrrinne, so dass keine Gefahr besteht. Kleinere Boote würde ich früh genug erkennen. Aber wie fahre ich jetzt weiter? Ich überlege. Einerseits würde ich gern auf diesem Kurs weiterlaufen, um an einer mit etwas Glück in Sicht kommenden Fahrwassertonne eine genaue Positionsbestimmung zu machen. Da hier auch Großschifffahrt fährt, besteht allerdings das Risiko, deren Kurs zu kreuzen, was ich auf keinen Fall riskieren möchte. Ob die mich überhaupt auf ihrem Radar sehen? Hmm, den Radarreflektor eines Kollegen am Achterstag seines Folkebootes hatte ich immer mild belächelt. Gut. Bleibt also nur mit einer geschätzten ungefähren Position den Kurs nach Süden zu ändern. Ich gehe auf 130°, um mich vom Kooser Haken freizuhalten. Beschließe, so eine Stunde weiterzulaufen und dann auf Südkurs zu gehen. Von Steuerbord höre ich Kühe muhen. Aha, das Land kann so weit nicht sein. Laut Seekarte vielleicht eine Meile. Es ist schwer, diesen Geräuschen eine Entfernung zuzuordnen.

Nur nicht die Nerven verlieren

Es ist mittlerweile zwei Uhr. Ich stochere seit drei Stunden im Nebel herum und würde jetzt langsam gerne mal wieder Land oder wenigstens irgendein Seezeichen sehen! Ich gehe auf Südkurs. Wenn alles gut geht, komme ich genau in die dänische Wieck rein. Schlimmstenfalls fahre ich auf die Küste vor Lubmin oder Koos zu. Beides werde ich spätestens bei Grundberührung merken, im ersten Fall in vielleicht zwei Stunden, in letzterem recht bald. Dann kann ich mich, wenn alle Stricke reißen, an der 1-Meter-Tiefenlinie nach Greifswald hangeln. Aber so dicke wird es doch wohl nicht kommen? Mir kommt die Formulierung des Wetterfrosches wieder in den Sinn, der ich erst keine Bedeutung beigemessen hatte: „nach zögernder Auflösung von Frühnebel…". Also dieser „Frühnebel" besteht jedenfalls hartnäckig nun schon bis weit in den Nachmittag hinein.

Im Blindflug sicher gelandet

Um halb drei sind erste blaue Stellen im Himmel zu erkennen. Erleichterung! Zehn Minuten später tauche ich auf: Ich bin querab der Bohrinseln, habe also bereits mehr als zwei Drittel der Strecke geschafft! Das sind ein bis zwei Meilen mehr als ich gedacht hatte. Überdies bin ich auf einer Position, wo ich auch bei guter Sicht lang gesegelt wäre: Eine Meile voraus die alten Dalben vor Wampen, an denen ich mich beim Raussegeln gern orientiere. Euphorisch setze ich den Spi, der allerdings prompt in einem Flautenloch zusammenfällt. Aber es ist sonnig und von Steuerbord beginnt sich bereits wieder das Wasser zu kräuseln. Eine Stunde später bin ich vor Greifswald. Da es mittlerweile richtig sonnig und warm ist, beschließe ich, noch ein kurzes Bad vor Anker zu nehmen, sozusagen als Ausgleich für die ausgefallene Dusche heute morgen. Herrlich! Obwohl die 16° nicht für mehr als eine Runde ums Boot ausreichen. Dann das übliche Spielchen. Anlegen, Boot auf den Slipwagen ziehen und entscheiden, ob man zwei Schaulustige zum Rausziehen auffordern oder den Golf als Zugpferd anspannen soll. Ich entschließe mich für letzteres. Nach mir muss ich noch einem Motorbootfahrer helfen, der mit rauchenden Reifen seinen Kahn nicht aus dem Wasser kriegt. Der Golf dient dabei als zweiter Schlepper. In einer Blitzaktion verstaue ich mein ganzes Gepäck, schiebe mein Boot wieder auf seinen Liegeplatz und ziehe die Persenning drüber. Das Ankommen nach dieser Tour ist wie so oft recht hektisch und dem eigentlichen Erlebnis der Reise nur wenig angemessen. Aber dafür kann ich um sechs Uhr noch meiner Familie auf dem Greifswalder Marktplatz beim Eis essen helfen und das ist schließlich auch etwas wert! Die Tour hat keine 30 Stunden gedauert und ich bin - zwar nicht um Jahre gealtert - doch um einige Erfahrungen reicher geworden.

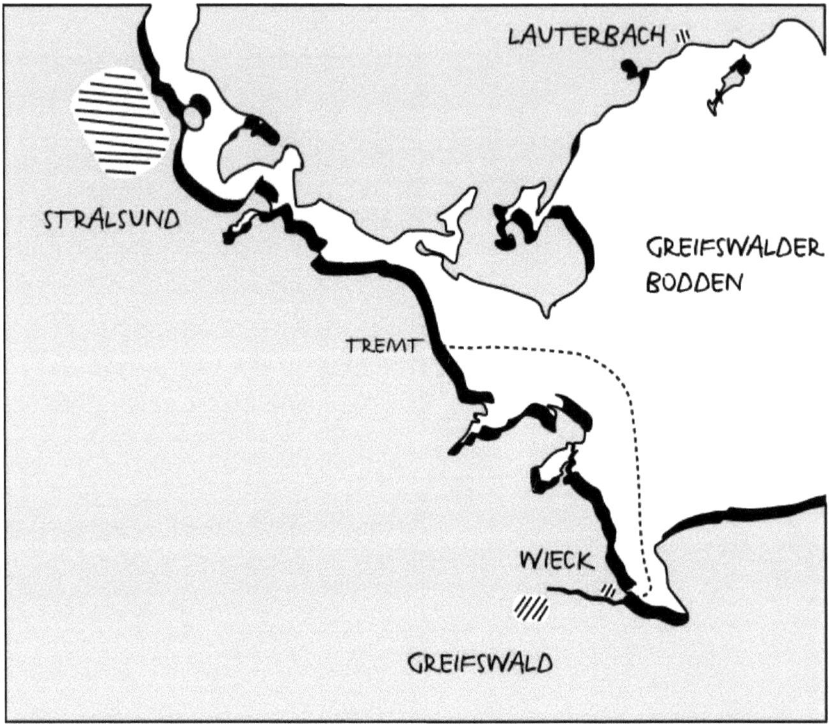
LAUTERBACH
STRALSUND
GREIFSWALDER
BODDEN
TREMT
WIECK
GREIFSWALD

4

Greifswalder Bodden Rund

Pirat und Folkeboot messen sich

Diese Tour war schon lange angedacht und eigentlich für Himmelfahrt 2006 geplant, dann aber wieder aufgeschoben wegen des zu starken Windes. Entwickelt hatte sie sich aus zwei Ideen. Idee eins war im Winter geboren worden: Bei einem Spaziergang in Lubmin sah man das etwa 20 Kilometer entfernte Rügen verlockend am Horizont liegen. Warum nicht einfach mal da 'rüber segeln? Idee zwei war in der Kaffee-Ecke unseres Instituts entstanden, im Gespräch mit Ulli, meinem Kollegen, der ein Folkeboot sein eigen nennt: Folkeboot und Pirat haben vergleichbare Yardstickzahlen, also warum nicht mal eine gemeinsame Tour? Sicherheitstechnisch hätte das große Vorteile, da ein motorisiertes Kielboot eine Jolle schon mal aus einer misslichen Lage befreien kann. Und passende Gesellschaft im Hafen konnte auch nicht schaden. Angesichts der in den Häfen stark verbreiteten „schwimmenden Immobilien“ wirkt ja ein hölzernes Folkeboot von sieben Meter und sechzig auch eher wie eine Jolle mit Ballast und Schlupfkajüte.

Nun ja, die Vorstellung von einem Ritt quer über den Bodden kurbelte bei mir schon seit einigen Tagen die Phantasie (und die Verdauung) an, als ich etwas nervös am Samstag, den 3. Juni um 11:50 Uhr die Wiecker Mole zusammen mit Ulli und seiner Freundin Yvonne, beide im Folke, passierte. Wir hatten den Kurs schon am Vortag abgesteckt. Er beinhaltete drei längere Schläge von Tonne zu Tonne mit insgesamt 19 Seemeilen nach Baabe, von denen etwa die Hälfte nach Kompass gesegelt werden musste. Startbedingungen waren 3-4 aus West, so dass ich erstmal ungerefft ans Werk ging. Meine Frau und mein zweijähriger Sohn winkten mir noch lange hinterher. Sohnemann hatte unbedingt auch mal ins Boot einsteigen wollen. Warum nicht. Als ich losfuhr, meinte er nur: „Papa Arbeit!“ Wie einem Zweijährigen erklären, dass man zum Spaß segelt?

Nun bin ich los. Und plötzlich unglaublich ruhig. Der immer gleiche Stress der Vorbereitung - Packen, Auftakeln, Einpellen, Slippen - ist vergessen. Ist doch egal, wenn ich die Taschenlampe zu Hause habe liegen lassen und die Kamera gerade den Geist aufzugeben scheint. Wird schon passen. Nach einigen Meilen nehmen Wind und Seegang merklich zu, so dass ich etwa bei Tonne „Ariadne“ reffe. Wir haben einen guten Zahn drauf, es geht laut Ulli mit 6½-7 GPS-Knoten nach Norden, der Pirat immer wieder in Gleitfahrt. Um nicht am nächsten Tag wieder völlig auf dem Zahnfleisch zu gehen, versuche ich mich ergonomisch zu bewegen und nicht mehr auszureiten als unbedingt nötig. Nicht zu verkrampfen, besonders in den Schultern, ist gar nicht so einfach, wenn man mehrere Stunden auf einem Bug segelt.

Übelkeit unerwünscht

Diesig ist es, ohne Seekarte wüsste ich nicht weiter. Wir sind in jeder Richtung mindestens fünf Seemeilen vom Land entfernt und passieren im Abstand von einer Meile den „Großen Stubber“, einen Steinhaufen, der gerade so aus dem Wasser ragt und mit einer Untiefentonne gekennzeichnet ist. Nichts von beiden ist zu sehen. In den Böen zeigt Folkeboot „Gytha Ogg“ große Teile ihres Unterwasserschiffs. Die Wellen sind nicht hoch, vielleicht einen halben Meter, aber nicht besonders regelmäßig. „Juanita“ macht Sprünge über die Wellen. Plötzlich erfasst mich Schwindel. Ist das die Vorstufe von See-krankheit? Bisher hat es mich noch nie erwischt. Zwinge mich ruhig durchzuatmen. Jetzt keine Panik. Ulli ist keine hundert Meter entfernt. E-norm beruhigend. Wenn alle Stricke reißen, nehme ich die Segel runter und lasse mich schleppen. Es hilft, nach Lee zu schauen, nur nicht voraus, dann wird mir mulmig. Einen Tee schenke ich mir ein. Schokolade. Sehe Land an Backbord auftauchen, obwohl ich es an Steuerbord erwartet hätte. Was ist das? Ulli hat GPS und folgt mir, da kann mein Kurs so falsch nicht sein. Habe ich die Abdrift falsch eingeschätzt? Nein, es muss die Insel Vilm sein. Alles im grünen Bereich. Tonne „Reddewitz“ taucht plötzlich auf und wir können relaxed abfallen in die Having. Kriege Appetit und esse meine Stullen. Ein Anruf zu Hause, dass das Gröbste geschafft ist. Um 15:10 Uhr laufen wir in Baabe ein. Macht einen Schnitt von 5,7 Knoten.

Regen und kalte Schultern

Der Hafen ist lauschig. Bei unserem Näherkommen wird hastig ein grünes Schild einer freien Box in ein rotes umgedreht. Warum will man uns nicht? Eine Erklärung wäre, dass die Vereine die Boxen mit möglichst großen Booten belegen wollen, um die Liegegebühren zu maximieren. Viele größere Boote liegen in 3-er Päckchen. Wir bilden auch eins mit einem schon an der Spundwand liegenden Fahrtenschiff. Wie die Orgelpfeifen, fein abgestuft nach Größe. Ich komme mir jetzt wie ein ausgesetztes Beiboot vor. Und irgendwie anders. Die „Anderen" fahren dicke Eimer mit Radsteuerung. Aber sind schlechtgelaunt wegen des Wetters. Regen, Nieselregen, dollerer Regen. Sollte eigentlich abends vorbei sein. Mich stört's nicht besonders, da ich froh bin, dass wir überhaupt losgekommen sind und alles gut gegangen ist. Ulli und Yvonne sind sichtlich beeindruckt von Juanitas Ritt durch die Wellen. Einmal quer über den Bodden. Jedenfalls ist der Wind mit satten vier die absolute Obergrenze für diese Aktion. Allein wär's mir sowieso zu riskant gewesen bei diesen Bedingungen: Die wenigen Schiffe, die unterwegs sind, verteilen sich in einem größeren Gebiet, in dem kein Fahrwasser vorgegeben ist. Wenn man irgendwo dort Probleme bekommt, kriegt es erstmal keiner mit. Wir trinken was Warmes. Eine Ruderfähre setzt für 50 Cent über die Baaber Bek über. Mit Fahrrad 1 Euro. Die beiden wandern los, um Yvonnes Mutter zu besuchen, die zur Kur in Göhren ist. Ich stapfe den Hügel hinauf zur Moritzburg und gönne mir Hirschgulasch mit Rotkohl und Kartoffeln. Das braucht man jetzt irgendwie bei dem Wetter. Meinen großen Bierdurst kanalisiere ich für diesen Törn in Alster und Malzbier, um fit zu bleiben. Ganz so asketisch wie bei der Folkebootcrew geht's bei mir allerdings nicht zu: Ulli's Boot fährt sicher mit dem deutschlandweit niedrigsten Alkoholpegel.

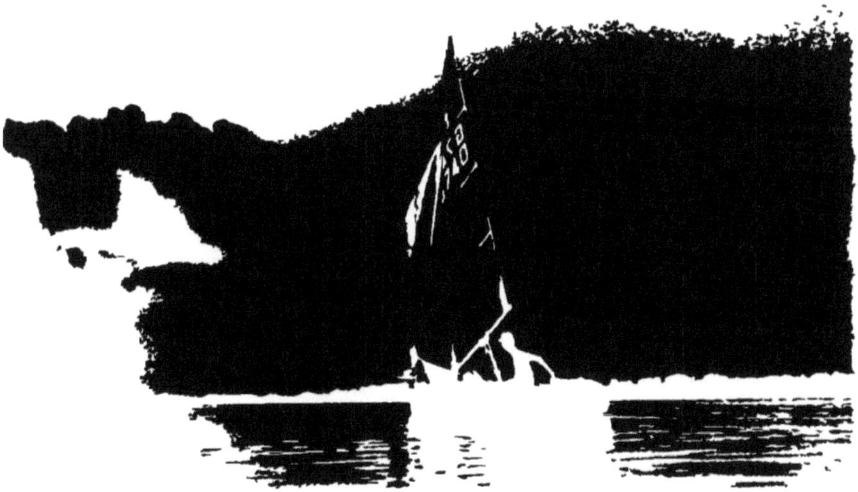

Nichts für Weicheier

Die erste Nacht im Boot ist wieder einmal ungewohnt. Eng, hart und kalt kommt es mir vor. Ich weiß, dass ich bei Jollenwanderungen ab der zweiten Nacht hervorragend schlafen werde – vor Erschöpfung. Deswegen mache ich mir jetzt nicht viel daraus. Ich wache um 3, 6, 7 und 8 Uhr auf und liege jedes Mal eine Zeitlang wach. Schließlich fühle ich mich ausgeschlafen. Die Persenning wird zurückgeklappt und ich stehe langsam auf. Wenigstens kein Regen. Dafür Wind, der mir nachts schon die Persenning ins Gesicht drückte. Ich schlurfe mit Duschzeug zur Dusche, doch dort braucht man einen Chip, den ich nicht habe. Da entscheide ich mich kurzerhand um und springe in die Baaber Bek (12°C). Der „Rasende Roland" tutet zum Frühstück. Es gibt Orangensaft, Unmengen von Tee und Brot mit Salami.

Schwerter zu Pflugscharen

Beim Frühstück bringt Yvonne den ersten Spruch des Tages: „Mitten in der Nacht macht es auf einmal laut 'Knack!', ich frag': War das Dein Rücken oder das Boot? Darauf sagt Ulli: Es war mein Rücken." Kein gebrochener Eichenspant, was für ein Glück für einen Holzbootseigner... Wegen angesagten und auch bereits spürbaren Starkwindes beschließen wir, erstmal noch nicht aufzubrechen, sondern auf ein Nachlassen des Windes zu warten. Ich biete einen Kurztrip auf Juanita über den Selliner See an, an dem Yvonne gerne teilnimmt (im Piratenjargon nennen wir dies: „Probeschlag für Interessierte"). Wir tasten uns bei strammer Brise nur mit gerefftem Groß durch das flache Gewässer. Es gibt keinerlei Bezeichnung eines Fahrwassers, deswegen durchpflügen wir mit hoch geholtem Schwert den Sandboden. Yvonne bringt den zweiten Spruch des Tages: „Macht Schwerter zu Pflugscharen!"

Noch mehr Landschutz gefällig?

Gegen Mittag Lagebesprechung. Abgehörte Vorhersagen und Mundpropaganda der Liegeplatznachbarn bewegen sich zwischen Nord und West, Stärke 4 bis 6, mit eher abnehmender Tendenz. Ich stelle fest, dass ich bei diesen Bedingungen den direkten Weg zurück quer über den Bodden nicht riskieren will. Das wird auch sofort akzeptiert, obwohl es für das Folkeboot natürlich keine große Sache wäre, das Stück bei halbem Wind wieder abzureiten. Mein Gegenvorschlag ist, heute unter Landschutz die sieben Seemeilen nach Lauterbach zu kreuzen, was unseren geplanten Zweitagestörn natürlich um einen Tag verlängern würde. Aber da morgen noch Pfingstmontag ist und der vorgenommene Wohnungsputz ja auch noch an einem anderen Tag stattfinden kann, willigen Ulli und Yvonne ein. Schließlich ist man ja endlich mal wieder auf dem Wasser und das soll sich dann auch lohnen. Ulli und Yvonne geben allerdings zu bedenken, dass es für beide Boote eine harte Kreuz werden könnte, insbesondere zwischen Vilm und Rügen, wo der Wind wie durch eine Düse hindurch bläst. Egal, Versuch macht klug, zur Not kann man ja immer noch umdrehen und wieder ablaufen. Gegen 14 Uhr ist es dann so weit, wir laufen aus. Das Folke unter Vollzeug schiebt mächtig Lage, aber kommt gut voran. Irgendwie sind Folkebooteigner nicht fürs Reffen zu haben, aber zu irgendwas muss ja auch die Tonne Eisen unterm Kiel gut sein. Bei mir gestaltet sich die Sache mühsamer als gedacht: kaum aus der Having heraus, bekomme ich die volle Wucht der kurzen Wellen zu spüren, denen ich nur mit gerefftem Groß nicht genug Vortrieb entgegensetzen kann. Das Boot stampft sich fest. Aber für die Fock ist es einfach noch zu böig: Ich bekomme einen größeren Einsteiger, der mir einige Minuten auf dem Doppelboden herumschwappt, bevor die Lenzer ihn wieder herausbefördert haben. Ich überlege kurzzeitig, wieder umzukehren. Das Folke nimmt Kurs aufs Fahrwasser und dreht ab und an eine Warteschleife. Da ich raus aus den Wellen und noch weiter unter Land möchte, boxe ich mich entgegen unserer Absprache in die Stresower Bucht nach Nordwesten hoch, wo Surfer hin und her heizen. In etwas ruhigerem Wasser entrolle ich die Fock. Jetzt macht das Boot wieder gute Fahrt, ein Unterschied wie Tag und Nacht. Ulli hat sich wohl sein Teil gedacht und begegnet mir eine Meile später auf dem anderen Bug. Beide kreuzen wir jetzt das Fahrwasser zwischen Vilm und Rügen auf, welches mit Fischernetzen gespickt ist. Ich kann jetzt geschwindigkeitsmäßig mit dem Folke mithalten, aber ich muss verdammt aufpassen, nicht zu kentern. Ich versuche, die Böen bei leicht gefiertem Traveller vollständig in Höhe umzusetzen, ohne die Großschot zu schricken. Dies kann man ohne Welle ganz gut machen, da sich der Pirat hervorragend steuern lässt und man nicht so viel Vortrieb braucht, wie mit Welle. Der Wind hat immer noch Stärke fünf, aber die Situation lässt sich jetzt wesentlich besser kontrollieren. Das Folkeboot kann mich auf den letzten zwei Meilen nicht mehr einholen, so gut läuft der Pirat nun. Beim Anlegen in Lauterbach fahren wir an unterschiedliche Stege, weil wir zu sehr mit uns selbst beschäftigt sind. Der Pirat wird paddelnd verholt und wir bringen ihn wieder als Beiboot längsseits ans Folke. Als wir wenig später Aal und Dorsch essen, hat der Wind abgeflaut. Das wird easy morgen. Muss auch, denn ich bin total fertig.

Feintuning

Der letzte Tag beginnt mit einer warmen Dusche und frischen Brötchen. Irgendwann hat einen die Segelei so weich geklopft, dass man doch wieder den Versuchungen der Zivilisation erliegt! Wir plaudern gemütlich im Cockpit des Folkes über dieses und jenes. Yvonne zitiert einen weiteren Spruch, den ich wegen seiner Prägnanz dem Leser nicht vorenthalten will: „Men are like hammers - they have not evolved within the last twenty thousand years but are sometimes just handy to have“. Apropos: Mein Handy habe ich trotz Bewölkung mit dem Solarlader aufgeladen. Es ist 11 Uhr als wir ablegen, nicht so früh wie geplant, aber noch ganz passabel. Ich fange an, meine Rückkehr gedanklich zu organisieren. Wahrscheinlich komme ich genau zu Martins Schlafenszeit in Greifswald an, so dass mich Angelika nicht abholen kann. Am Nachmittag sind wir mit einer befreundeten Kleinfamilie verabredet. Die könnten mich ja eigentlich auch vom Hafen abholen. Mal sehen, wie man das eingefädelt kriegt. Der Temperaturunterschied von Wasser und Land ist trotz des schwachen Windes wieder eklatant: im Faserpelz gestartet, ziehe ich mir schon nach einer halben Stunde das Ölzeug über. Dann beginnt es zu regen und ich beginne wieder zu frieren. In einer Regenpause liege ich bei und pelle mich in den Trockenanzug, darüber wieder das Ölzeug. Ulli und Yvonne sehen meinen akrobatischen Turnübungen zu. Aber auch Ulli erscheint im Niedergang mit seiner hässlichen roten Ohrenmütze. Es ist für Anfang Juni immer noch verdammt ungemütlich.

Der Wind weht schwach aus östlicher Richtung, nach anfänglicher Flaute, in der das Folke praktisch steht, der Pirat aber immer noch Fahrt macht. Wir regattieren nebeneinander her, hier ein bisschen Großschot, da ein wenig Schwert und immer eifrig auf die Windbändsel geschaut: Jegliche Konzentrationsschwäche wird sofort mit einer Bootslänge Verlust bestraft. Wir erreichen nach Kompasskurs das Fahrwasser zum Strelasund. Zu weit westlich scheinen wir gesteuert zu haben. Steuerbord voraus liegt eine rot-weiße Tonne, die ich nicht einordnen kann. Ich nehme eine Peilung mit dem Kompass im Fernglas, aber auf der Seekarte ist nichts in dieser Richtung verzeichnet. Vorausgesetzt ich bin überhaupt da, wo ich glaube. Ich frage Ulli und der brüllt mir „Das ist Koos!“ herüber. Die müsste nach meiner Karte an Backbord liegen. Irgendwas ist da oberfaul. Wahrscheinlich wurden die Fahrwassertonnen weiter auf den Bodden verlegt. Ulli hat bestimmt sämtliche Berichtigungen in seine Seekarte eingetragen und weiß deshalb Bescheid. Egal, nach Hause finde ich auch so. Die alten Bohrinseln sind schon in Sicht und von da sind's nur noch drei Meilen. Ich fange mit meiner Telefonsession an. Der Vorschlag, unseren Besuch schlicht als Taxi zu nutzen, stößt bei Angelika auf keine allzu heftige Gegenwehr, was ich als Zustimmung interpretiere. Die Weckzeit von Phillip, dem Spross der befreundeten Kleinfamilie, fällt mit meinem voraussichtlichen Einlaufen zusammen, so dass ein Treffen für 4 Uhr terminiert wird. Am Bootshaus, so vereinbaren wir. Nein, doch an der Slipanlage, muss ich nach einer halben Stunde Flaute umdisponieren. So wird es dann auch, und mit der ebenfalls außerplanmäßigen Verspätung der anrollenden Kleinfamilie und der mangelnden Absprache, dass der Kofferraum für mein Gepäck noch genügend Kapazität aufweisen müsste, landen wir dann, zwischen Kanusäcke eingepfercht, genau zur englischen Teezeit in wirklich heimatlichen Gefilden an.

Zum Schluss noch ein Spruch von mir und nicht von Yvonne, nein eigentlich nicht von mir, sondern von einem Olympiasieger im „Finn-Dinghy", dessen Namen ich vergessen habe. Der beschrieb das ganze Geheimnis des Jollensegelns mit den einfachen Worten:

„It's just the story of water and wind". Yeah!

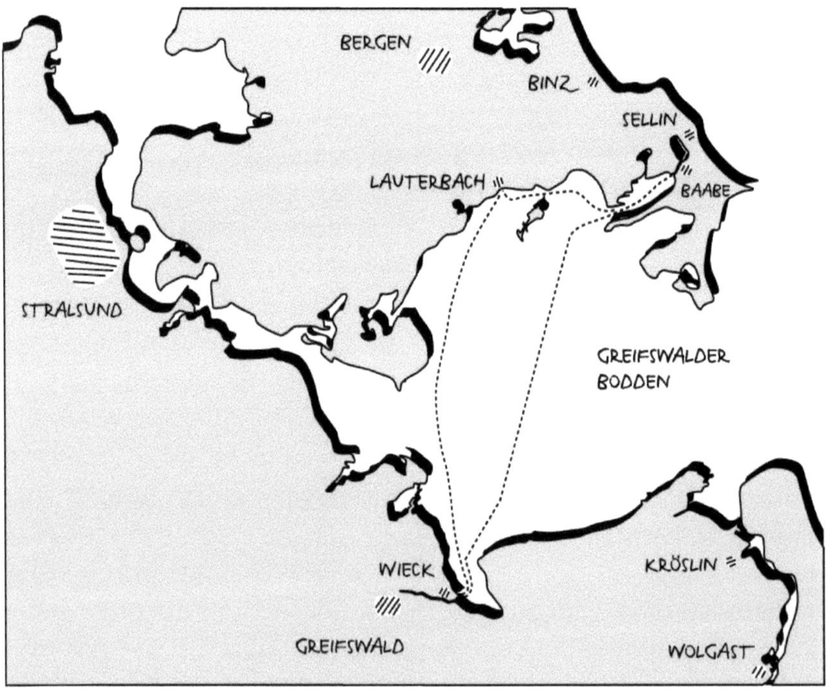

5

Das Beste aus zwei Welten

Dänische Südsee mit der Kieljolle

Das Boot, das wir von Herrn Ludewig in der Marina Sonwik bei Flensburg chartern, macht einen guten Eindruck: es ist aufgeräumt und blitzsauber, wie es sich gehört. Sogar zwei ungeöffnete Flaschen Flensburger Pilsener finden wir als Dreingabe zu meiner großen Freude vor. Lediglich bei der Ausrüstung müssen wir etwas nachbessern: Zum Glück haben wir einen Anker und eine weiteres langes Paddel dabei. Nachdem das Boot beladen ist (alles Gepäck wird in wasserdichten Ortlieb-Säcken und zwei Fässern im Vorschiff verstaut), geht es los. Dass heißt, es soll losgehen, aber es ist Flaute und wir dümpeln nur etwas dahin. „Hier sitze ich so nah am Wasser, dass ich selbst den halben Knoten Fahrt sehen kann“ meint Ulli und beobachtet gespannt die Stichlinge, die uns im Kielwasser folgen. Der Urlaub hat begonnen und ich lasse mich ausgestreckt auf dem Fußboden nieder. Ein leiser Zug kommt auf, der uns an den Ochseninseln vorbei treibt. Es ist bereits Abend und Zeit ein Nachtquartier zu suchen. Bei einem privaten Steg machen wir fest, kurbeln den Hubkiel hoch und fragen höflichst, ob wir eine Nacht bleiben können. Ja, wenn wir das Zelt nicht gerade in Wohnhausnähe aufbauen. Bei Ulli will trotz eines herrlichen Sonnenuntergangs noch keine rechte Urlaubstimmung aufkommen; er sei noch im „Überlebensmodus". Mit dem Gepäck ist er leicht überfordert: wo ist bitteschön was? Ganz einfach: im letzten Sack, wo man nachschaut, ganz unten.

Am nächsten Tag ist guter Wind, der uns durch die Flensburger Förde bläst, Kurs Sonderburg. Dabei ist das Steuern ein Vergnügen: mit nur zwei Fingern halte ich die Pinne, worüber sich Ulli amüsiert. Wir kommen aus zwei Welten: Er vom Folkeboot und ich vom Piraten. Was lag also näher, als einmal ein Boot zu probieren, dass Kielboot und Jolle vereint? Wir setzen den Spinnaker. Alles bleibt easy. Dann Spi bergen und auf Halbwindkurs. Das Boot läuft schnell. Bei Windstärke vier erreichen wir bis zu sechs Knoten. In Sonderburg müssen wir die nächste Brückenöffnung abwarten. Da der Wind gegenan steht, paddeln wir, was das Zeug hält. Wir kommen eben so durch. Es ist das erste Mal, dass mein Adrenalinspiegel steigt. Der Brückenwärter ist nicht begeistert. Ein Schlepp wäre ihm lieber gewesen. Im Als Sund ist Kreuzen angesagt. Das Boot ist herrlich steif und läuft gute Höhe. Mühelos können wir mit größeren Yachten mithalten. Am Ausgang des Als Sund befindet sich ein Rastplatz vor Snogbæk Huk, wo wir für eine Nacht zelten wollen. Das Ufer ist flach und so lassen wir die Jolle mit hoch geholtem Kiel im hüfttiefen Wasser vor Anker liegen. Das Gepäck wird „ausgeschwommen". Sack für Sack und Tonne für Tonne, das ganze dreimal hin und wieder zurück.

Das Ufer ist ca. 200 m entfernt und so ist harte Beinarbeit gefragt. Mir kommt in den Sinn, dass mir solches Wasser-Waten einst von einem Orthopäden zur Behandlung meiner Rückenschmerzen empfohlen worden war. „Thallasso-Therapie", nennt sich das dann. Ist bei uns

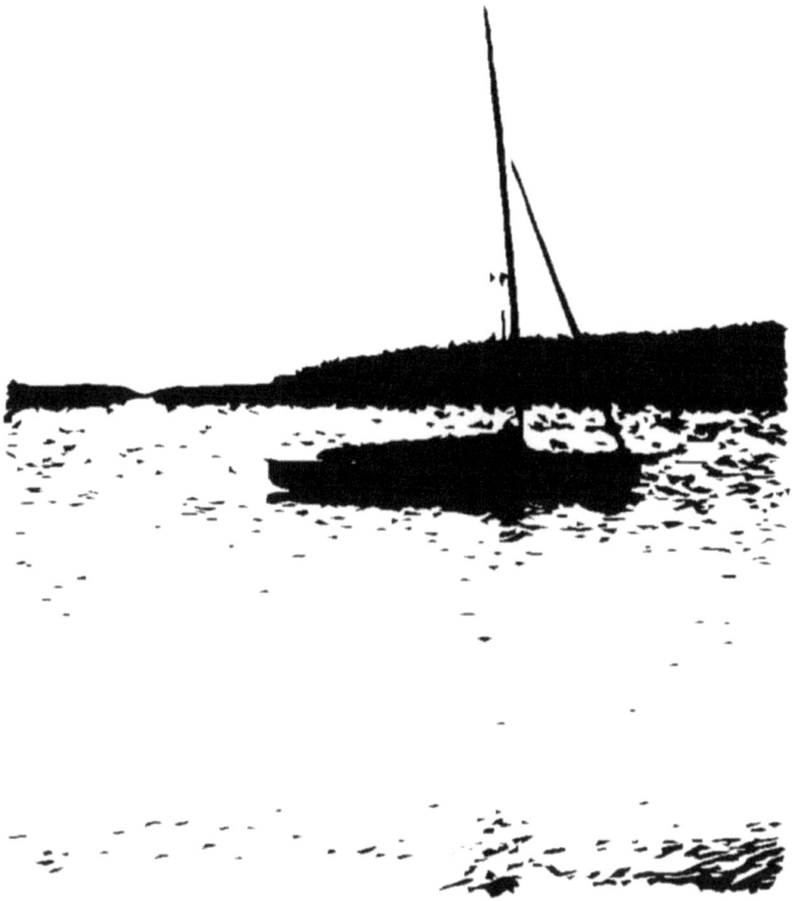

inklusive, ohne Zuzahlung. Ulli ist nicht so begeistert, denn er mag keine Quallen. Am Rastplatz sind Tische und Bänke, so dass wir herrlich zu Abend essen können. Man sollte nur keine gelben Sachen dabeihaben (Ölzeug, Margarine-Dose, etc.); gelb wird von allem, was sechs Beine hat, geliebt.

Der nächste Tag bringt ergiebigen Regen und wenig Wind. Wir setzen unseren Weg nach Norden durch den Als Fjord fort. Wie gut, dass wir eine Thermoskanne Tee dabeihaben! Ursprünglich hatten wir geplant, mit einem großen Schlag über den kleinen Belt die Insel Æro anzulaufen. Aber das Wetter macht uns einen Strich durch die Rechnung: schlechte Sicht und „Flaute aus Ost“, wie ich den leisen Lufthauch nenne, mit Donnergegrummel im Hintergrund. Der Wetterbericht verspricht „einzelne Gewitterböen“. Wir disponieren um und steuern Åbenrå an. Der Hafenmeister weist uns den Weg zu einem Gasthof, einem Krø, wo wir die Nacht verbringen werden. Dort angekommen, halten wir uns zunächst an der köstlichen Fischplatte schadlos. Segeln macht hungrig; Jollensegeln erst recht. Es ist der erste Samstag nach der Mittsommerwende, den die Dänen mit großen Feuern am Strand ausgiebig feiern.

Der Rückweg beginnt wie der Hinweg: mit Regen. Um die Mittagszeit haben wir wieder den Eingang zum Als Sund erreicht. Wir nutzen eine Regenpause zum Ankern und schmieren uns ein paar Brote. Der mäßige Wind flaut langsam ab. Wir nehmen ein Paddel zu Hilfe. Ulli ist begeistert: genauso meditativ wie sein Kanuurlaub in Schweden. Mit seiner eingeübten Technik bringt er das Boot ohne Mühe auf 1½ kn. Die Schlepphilfe eines Motorbootes lehnen wir dankend ab. Wir haben Zeit. Und keine Lust im Dieselqualm gezogen zu werden. Wir halten uns in Ufernähe, um nicht noch einmal die Hilfsbereitschaft der Anderen herauszufordern. Einziger Wermutstropfen: Den Becher der Thermoskanne, die mich seit 15 Jahren begleitet, versenke ich unfreiwillig im Sund. Bald haben wir unser heutiges Ziel, die Marina Sonderburg erreicht. Mir wird klar, wie sehr mir das Liegen in einem großen Sportboothafen missfällt. Zwischen all den großen Eimern und dem Trubel ihrer Besatzungen. Ich möchte unbedingt einmal auf der c55 übernachten und spanne daher die von meinem Piraten mitgebrachte Persenning auf. Sie ist etwas zu klein, aber wenn es am Bug hineinregnet, läuft es unter der Luftmatratze durch bis zu den Lenzern am Heckspiegel: Wo ist also das Problem? Ulli traut dem Braten nicht und baut bei Einbruch der Dunkelheit unser Zelt zwischen den an Land liegenden Jollen auf. Wahrlich, man kann sich bequemere Urlaube vorstellen. Dafür gibt's heute Abend mal eine Spezialität auf dem Spirituskocher: Spaghetti mit Tomaten, Zwiebeln, Mais und viel Knoblauch. Und zur Nacht dann noch einen Grog.

Der weitere Rückweg geht mit Windstärke drei aus Ost zügig voran. Wir setzen wieder einmal den Spi, aber der Wind frischt weiter auf. Nein, wir wollen heute nicht so sportlich segeln, die Anstrengung der letzten Tage sitzt uns in den Knochen. Der Himmel zeigt schon wieder bedrohlich dunkle Wolken. Der Spi wird mit etwas Mühe geborgen. Ganz entspannt laufen wir nur unter Groß mit 5½ Knoten Fahrt weiter. Unser letzter Stopp vor Flensburg sind die Ochseninseln. Ein Mittelalterspektakel wird gerade abgebaut: Laut kreischend mähen zwei Kettensägen einen Holzwall und eine provisorische Hütte mit Toiletten nieder. Auf der Wiese stehen noch zwei Duzend Billigzelte, von denen uns eines zum Übernachten angeboten wird. Nein danke, bei dem Wetter nehmen wir lieber das eigene, das ist wenigstens einigermaßen regendicht. Diesmal haben wir sogar beim Abendbrot Regen: es kübelt wie aus Eimern. In stoischer Ruhe bereiten wir in Ölzeug unser Mahl. Die Betreiber der Gaststätte bieten uns ihre überdachte Veranda an. Diesmal nehmen wir dankend an. Schade, dass wir Montag haben und die Gaststätte geschlossen hat. Das heißt: fast geschlossen, denn zu vorgerückter Stunde lädt man uns doch noch zu einem gemütlichen Klönschnack mit „Absacker“ ein.

In der Nacht frischt der Wind gehörig auf. Ich werde durch unheilvolle Geräusche vom Steg wach: die Fender sind verrutscht und die Scheuerleiste macht an den Holzpfählen ihrem Namen alle Ehre. Schnell die Leinen korrigiert und dann wieder ab in den Schlafsack. Hätten wir den Wetterbericht gehört, so hätten wir uns noch am Abend überlegen können, wie ungeschützt unser Liegeplatz bei starkem Südwest sein würde. Morgens ist der Wasserstand um einen halben Meter gefallen. Wir müssen das Ruder aushängen und den Kiel noch höher kurbeln. Nun kommt das nach unserer Brückendurchquerung bei Sonderburg zweitschwierigste Manöver: Wir müssen bei auflandigem Wind in einem engen Bogen von unserem Liegeplatz in tieferes Wasser paddeln, um dort die Segel zu setzen. Einmal misslingt das Manöver, da der Wind unseren Bug erfasst und einfach herumdrückt. Wir halten uns mit dem Heck an einem anderen Boot fest. Ein Langkieler hätte auch Vorteile! Nun probieren wir das gleiche noch mal mit dem Hintern zuerst. Es klappt. Unter gerefften Groß kreuzen wir bei Windstärke 5-6 die letzten Meilen nach Flensburg. Das Boot macht wirklich Spaß! So wendig ist es und dabei doch so stabil; wir hätten glatt auf das Reff verzichten können. Aber auch so laufen wir 5½ Knoten. In Flensburg-Sonwik kehren wir wieder beim Italiener am Hafen ein, das können wir uns jetzt wirklich wieder einmal gönnen. Gerade noch rechtzeitig haben wir unser Ziel erreicht. Am nächsten Tag fegt Orkantief „Uriah“ über Norddeutschland hinweg.

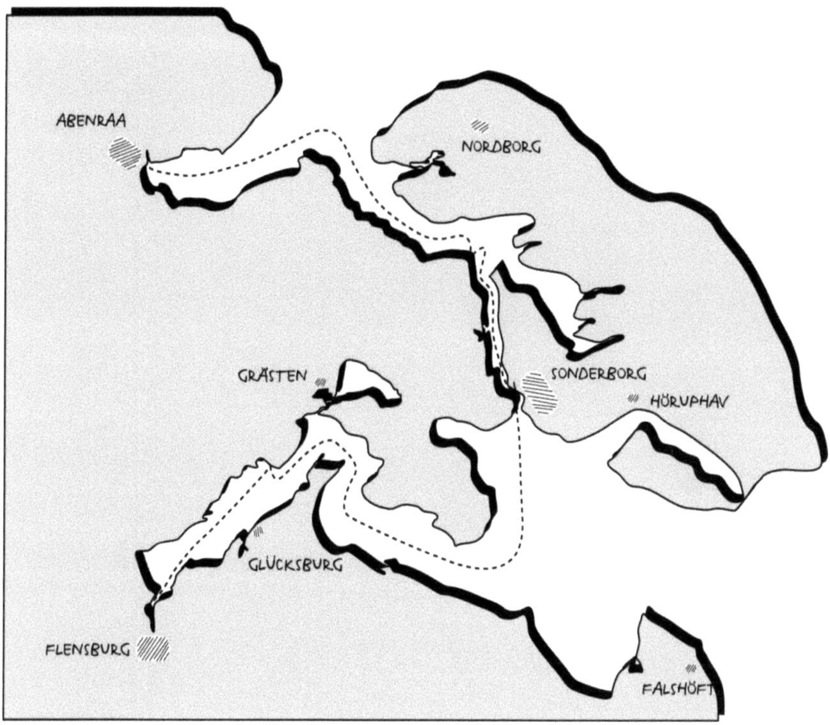
ABENRAA
NORDBORG
GRÄSTEN
SONDERBORG
HÖRUPHAV
GLÜCKSBURG
FLENSBURG
FALSHÖFT

6

Kap der Illusion

24 Tage mit der Rennjolle quer durch die Boddengewässer

"Dicht am rechten Ufer halten" empfahl uns ein ortsansässiger Angler, als wir mit Ostwind der Stärke 0 – 1 bei strahlendem Sonnenschein den Hafen von Damgarten verließen. An diesem Vorort von Ribnitz, an dem sich ein Ausläufer der Recknitz zwischen den Kopfsteinpflasteralleen des Dorfes und ausgedehnten Schilffeldern verlor, stand die Zeit still. Entlang des Hafenweges saßen ein paar Angler an der niedrigen Kaimauer. Dort, wo der Hafenweg als Slip in die Recknitz auslief, spielten Kinder im Wasser. Die Recknitz war ihr Freibad.

Joerns kurze Zeilen hatten ihre Wirkung getan: schon ein paar Wochen nach unserem E-Mail Austausch begann ich mit den Reisevorbereitungen. Ich hatte mich gegen einen Törn entlang der polnischen Ostseeküste entschieden. Stattdessen wollte ich in den etwas gemäßigteren Boddengewässern östlich und westlich von Rügen segeln. Sie schienen sich für das Jollensegeln geradezu anzubieten mit ihren flachen Wassern, nahen Ufern und kurzen Entfernungen zwischen den einzelnen Häfen. Meine Reiseroute sollte südlich der Insel Zingst durch Saaler Bodden und Barther Bodden verlaufen, dann hinein in den Strelasund, vorbei an Stralsund und in den Greifswalder Bodden. Hier wollte ich ein paar Tage segeln, dann weiter durch den Peenestrom ins kleine Haff und Retour.

Sollten dann die Winde günstig und vor allem entsprechend gemäßigt sein, aber nur dann, wollte ich „Rügen Rund“ versuchen. Es war mein erster Törn als Schiffsführer. Ich hatte 24 Tage Zeit.

Stephan, mein Dorfkamerad, hatte es sich bereits auf dem Sonnendeck, wie er mein Vorschiff nannte, bequem gemacht. Der gemäßigte Ostwind hatte uns durch die Recknitz geschoben und nun befanden wir uns im Saaler Bodden. Der Wind hatte etwas aufgefrischt und wir segelten schwerelos Kurs West mit weit aufgefierten Segeln. „Nur, dass Du es weißt: ich tue hier keinen Handschlag, ich bin im Urlaub!“, frotzelte Stephan. Ich antwortete ihm auf meine Weise, indem ich mehrmals die Vorsegelstellung änderte und ihn damit auf dem Vordeck herumscheuchte, bis er schließlich anfing, zu protestieren. Erheitert holte ich die Genua ein letztes Mal über und belegte die Schoten. Stephan hatte von meinem Vorhaben gehört und spontan seine restlichen Urlaubstage eingelöst, so dass wir nun die ersten Tage im Zweierteam segeln konnten.

Im Laufe unseres ersten Segeltages sollte der Wind auf Nordost drehen und auf Stärke 3 – 4 auffrischen. Die Max Speed Anzeige auf dem GPS speicherte einen Wert von 13.3 Knoten. Da befand sich

Stephan längst nicht mehr auf seinem Sonnendeck. Auch zog er es jetzt vor, in die bei diesen Temperaturen nicht gerade angenehme Feststoffweste zu schlüpfen, die ich allerdings kategorisch trug. Auf hoher Kante schossen wir Althagen, unserem ersten Zielhafen, entgegen. Ein perfekter Segeltag irgendwie. Genau so hatten wir uns das bestenfalls vorgestellt. Bis wir dann die Leewant im freien Raum herumschaukeln sahen! Mir gefror das Blut in den Adern! Doch sofort schaltete das Gehirn um auf Autopilot: mechanisch stellte es in Sekundenbruchteilen fest, dass auf dem bestehenden Halbwindkurs von der losen Leewant zunächst einmal keine Gefahr ausging. Wenn wir auf dem bestehenden Bug bis in den Hafen segeln konnten, und das konnten wir zweifelsohne, dann sollten wir mit dem Schrecken davonkommen. Wir überprüften die Luvwant. Sie saß fest.

Wie segelt man in einen unbekannten Hafen? Am besten gar nicht! Aber wir hatten nun einmal keinen Motor an unserer Jolle. Ich entschied mich dafür, das Groß zu bergen und mit „halber Kraft“ unter Genua in den Hafen einzulaufen. Ein klassischer Bobby Schenk eigentlich, aber das war mir in diesem Moment nicht bewusst. Ich war immer noch auf Autopilot und handelte instinktiv.

Mit loser Leewant in den Wind zu schießen, um das Großsegel niederzuholen, barg immerhin die Gefahr, dass man ungewollt auf den anderen Bug gedrückt wurde. Ich wollte mich unter keinen Umständen von meinem Mast verabschieden. Ruhig gab ich Stephan Anweisung, das Großfall auf Slip zu legen. Dann schoss ich nahezu in den Wind und Stephan barg das Groß. Wir fielen wieder auf Backbordbug ab. Das Boot bewegte sich, allein durch die Genua angetrieben, nun nur noch im Schlendertempo vorwärts und so glitten wir dann auch in die malerische Kulisse des kleinen Althagener Hafens hinein. Zeit genug, sich nach einem geeigneten Liegeplatz umzusehen. Ich entschied mich dafür, am hinteren Ende des Ostkais längsseits zu gehen und steuerte mit einem Nahezuaufschießer auf den nächsten freien Poller zu, damit Stephan auf dem Vordeck möglichst wenig Arbeit mit dem Festmachen hatte, als eine autoritäre Stimme vom Ufer her erklang: „GANZ AUFSCHIESSEN!" Ich gehorchte und drehte die Bugspitze komplett in den Wind. Sie kam wenige Zentimeter vor der niedrigen Betonwand des Ostkais zum Stehen. Der Zeesbootsegler, dem die autoritäre Stimme zuzuordnen war, ein braungebrannter, hagerer Mittfünfziger mit silbergrauem Dreitagebart und Flecktarnhose nickte zufrieden und nahm die Vorleine entgegen. „Danke" sagte ich. „Nichts zu danken, dafür sind wir hier ja angestellt" scherzte er mit einem lässigen Grinsen im Gesicht und entschwand wieder auf sein Zeesboot.

Aufatmen meinerseits. Das hätten wir wohl erst einmal hingekriegt. Und während ich das Boot am Kai belegte und die Takelage instand setzte, hatte Stephan schon unsere Herberge aufgebaut: ein Dreimannzelt bei dem sich allerdings die Frage stellte, wie hier im Bedarfsfall wohl der dritte Mann unterzubringen wäre. Wir wanderten noch einmal durch die „Millionärsgasse" Arenshoop an Fischlands traumhaften Ostseestrand, bevor wir den Abend in dem gemütlichen Hafenrestaurant mit Zander und einigen Bechern Lübzer Pils beschlossen und in unsere Schlafsäcke fielen. Das Abenteuer hatte begonnen...

Mit unserer Jollenwanderung verhielt es sich ein bisschen wie mit einem Krimi. Die Spannung steigerte sich von Tag zu Tag. Das war zunächst einmal durchaus so geplant. Die Tagesmeilen erhöhten sich stetig. Die Segelreviere wurden täglich anspruchsvoller. Nicht geplant war: auch Rasmus hielt sich an diese Dramaturgie! Während er uns zu Beginn der Reise noch mit eitel Sonnenschein und lauen Winden erfreute, peitschte er zuletzt fast nur noch Sturmböen und Gewitterschauer über das Wasser.

Entsprechend unterschiedlich waren die Eindrücke, die wir auf der Reise sammeln konnten. Einige Ausschnitte sind im Folgenden stichpunktartig niedergeschrieben:

Althagen / Arenshoop: Fischlands Millionärsgasse überzeugt mit reetdachgedeckten Häusern und einem wunderschönen Strand zur Seeseite. Die Sonne geht direkt in der Kimm unter, da Weststrand.

Die Bülten: Flaute in den Bülten! Na ja, besser, als Gegenwind. Vom Sonnendeck meldet sich Stephan: "Wir kommen nicht vorwärts, tu etwas, Daniel!" Ich tue etwas und drücke ihm ein Paddel in die Hand. Jovial die Hände zum Gruße erhoben, passieren uns die motorisierten Segler, einer nach dem anderen. „Ihr macht das richtig!" ruft uns einer zu und liefert uns moralische Unterstützung.

Meiningenbrücke: An der Meiningenbrücke legen und stellen wir den Mast zum ersten Mal auf dem Wasser. Eine etwas wackelige Angelegenheit, aber es funktioniert. Hinter der Meiningenbrücke dann das lustigste Ablegemanöver der Tour: Stephan stößt unser Boot vom Dalben ab, verliert das Gleichgewicht und kann sich gerade noch am Dalben festhalten. „Warte, ich komme zurück!" rufe ich ihm lachend zu. Im nächsten Moment wird mir allerdings bewusst, dass dies streng genommen ja eine Mann über Bord Situation ist. Daher leite ich das entsprechende Manöver denn auch mit der gebotenen Ernsthaftigkeit ein, fahre einen Vollkreis und sammle Stephan wieder ein.

Zingst auf Zingst: traumhafter Badestrand, an den kein Strand am Mittelmeer herankommt – zumindest, solange die Sonne scheint. Dieser Strand ist so weiss, so breit, so lang, unglaublich!

Stralsund: dem hanseatischen Charme dieser Stadt kann man leicht erliegen. Die kosmopolitische Ausstrahlung längst vergangener Tage vermischt sich mit dem reizvoll verwinkelten Ambiente eines etwas zu groß geratenen Dorfes. Interessante Kirchen, Handelsvillen und ein stimmungsvoller Stadthafen bestimmen das Bild der Innenstadt.

Jollenleben: es gibt keine Kajüte und keine Pantry. Die Backschaft geht zum Supermarkt, während der Skipper das Schiff klariert.

Der Strelasund: mit Halbwind der Stärke 4 bis 5 segeln wir im Strelasund Richtung Greifswald. Dabei glänzt das Wasser im Gegenlicht silbrig. Rechts und links der Ufer erstreckt sich eine der landschaftlich schönsten Gebiete dieser Reise, mit weichen Geländewellen, Wiesen und Wäldern. Indes, der Schlag ist alles andere als beschaulich: ständig fallen Böen ein und beschleunigen unsere Rennjolle auf ungeahnte Geschwindigkeiten. Dabei schleift das Unterliek der Genua trotz geschrickter Schoten und einem weit aufgeholten Schwert schon mal kräftig durchs Wasser. Die durch den Bug der Timpe geteilten Wellen schießen fontänenartig auseinander und durchnässen sowohl die Besatzung als auch das Boot vollständig, und zwar bis hinauf zur ersten Segellatte!

Greifswald Wieck: mein persönlicher Lieblingshafen in den Boddengewässern. Die im Mündungsgebiet des Ryck gelegene Marina lebt durch das Wechselspiel zwischen gepflegter dörflicher Idylle und dem maritimen Charme des Hafens. Küche und Hafenservice bewegen sich auf hohem Niveau. Eine Besonderheit auch das Maritime Jugenddorf Wieck (kurz: majuwi). In Zusammenarbeit mit der Segelschule Greifswald lernt der jugendliche Nachwuchs hier segeln und surfen. Und belebt so gleichzeitig die Marina. Die überaus netten Jungs von der Segelschule Greifswald lassen uns in Wieck mehrere Tage auf ihrem Areal hinter der Badebucht zelten. Herzlichen Dank!

Der Greifswalder Bodden: Wieck – Lauterbach ist der erste Einhandschlag dieser Reise und mein zweiter Einhandschlag überhaupt. Der Wetterbericht erweist sich als präzise: Gewitterschauer, Winde der

Stärke 3 aus Südwest, in Böen 5, Wellenhöhe ein Meter. Alles dies kann ich bestätigen, als ich aus der geschützten Wiecker Badebucht auf den Greifswalder Bodden hinaussegle. Dabei schiebe ich das Gewitter vor mir her, die Sonne im Rücken, surfe platt vor dem Wind große Wellen ab, um dann nach Passieren der Tonne Greifswald mit halben Winden und angelegtem Kurs von 350° direkt auf Lauterbach zuzusteuern.

Obwohl nur unter Genua segelnd, muss ich mein Schwert fast völlig aufholen, um von den Böen nicht umgeworfen zu werden. Auf diesem Schlag wird mir gewahr, welch effektive Form des „Reffens“ ein Schwerttrimm sein kann. Später, als bei strahlend blauem Himmel die Winde auf 2 bis 3 abflauen, will ich mehr wagen: ich belege meine Pinne auf Amwindkurs mit einem Spanngummi in neutraler Position, balanciere mich zum Mast vor und versuche, das Groß zu setzen. Ich bin auf alles gefasst, denn ich kenne das Temperament meiner Rennziege, aber was dann passiert, verblüfft mich einigermaßen: sobald ich beginne, das Groß aufzuheissen, nimmt – natürlich – die Luvgierigkeit meines Bootes zu. Das Boot luvt an, bis es genau im Wind steht. Durch die Neutralstellung der Pinne schafft es aber keine Wende, sondern fällt wieder ab auf Amwindkurs, nur um daraufhin erneut anzuluven. Mit anderen Worten: ich kann mir alle Zeit der Welt lassen, das Groß zu setzen. Auf der Luvseite neben dem Mast sitzend, kann ich die leichte Krängung des Bootes immer gut ausbalancieren. Mein Schiff verhält sich völlig artig und verlässt den kontrollierten Bereich zwischen Amwind und Im Wind nie. Mit der Artigkeit ist es allerdings erwartungsgemäß schlagartig vorbei, als ich mich zurück an die Pinne setze und das Groß dichthole. Explosionsartig beschleunigt meine Timpe und fliegt mit atemberaubender Geschwindigkeit auf Lauterbach zu. Ein Moment reinen Seglerglücks!

Lauterbach / Rügen: Schwimmende Holzhäuser im modernen skandinavischen Stil bilden den Hintergrund für diese schicke Hafenanlage.

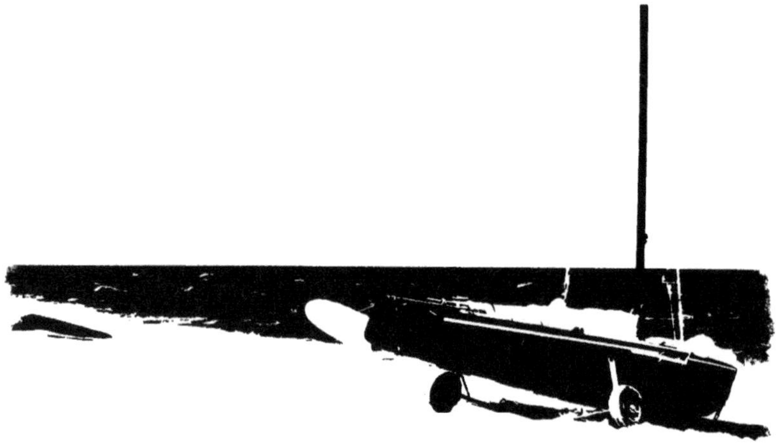

Stresow: der auf der aktuellen Seekarte ausgewiesene Campingplatz existiert schon seit zehn Jahren nicht mehr. Supermarkt oder Restaurant: Fehlanzeige. Ein ortsansässiges, älteres Ehepaar erkennt meine missliche Lage und lädt mich spontan und unaufgefordert zu Abendessen und Frühstück ein auf die Terrasse ihres reetdachgedeckten Feriendomizils. Ich nehme kleinere Korrekturen an meinem Weltbild vor.

Starkwind: Beim Schlag von Stresow nach Gager unterschätze ich die Windstärken, als ich mit ablandigen Winden aus der geschützten Stresower Bucht segle. Obwohl ich nur das Vorsegel gesetzt hatte, drücken die raumen (!) Winde das Boot so stark auf die Seite, dass ich ernsthaft befürchte, jeden Moment zu kentern. Ich verwerfe den

Plan, nach Gager zu segeln und halte unmittelbar auf das vor mir liegende Ufer des Reddevitzer Höfts zu. Dabei sitze ich regelrecht gelähmt auf der hohen Kante, jede Körperbewegung in Richtung Lee möglichst vermeidend. Mehrmals reißt die Vorschot aus der Klemme. Gischt zieht sich in Streifen über die See und die Wellen erscheinen in sich wie zerklüftet. Endlich am Ufer des Biosphärenreservates angekommen, rutsche ich auf das Vordeck, die Füße ins Wasser gestreckt, um rechtzeitig abspringen zu können, bevor mein Rumpf am steinigen Ufer aufreisst. Über angeschwemmtes Schilf kann ich mein Schiff ans Ufer retten.

Sofort helfen mir nette Landurlauber tatkräftig dabei, das Boot an Land zu ziehen. Ich strecke meinen Windmesser in den Wind und muss mich dabei bereits leicht gegen den Wind lehnen: die Beaufort – Anzeige der Wetterstation wechselt zwischen 5 und 6. Situativ fällt mir ein Satz ein, den ich irgendwann einmal bei Steve Sleight gelesen hatte: Windstärke 6 ist für eine Jolle bereits Sturm...

Eine junge Familie aus Hamburg bietet mir an, in ihrem Ferienhaus oberhalb der Steilküste die Gewitternacht abzuwettern. Ich akzeptiere wirklich gerne! Und sehe mich gezwungen, weitere Korrekturen an meinem Weltbild vorzunehmen.

Das Stettiner Haff: das Stettiner Haff ist nahezu spiegelglatt. Bei null bis zwei Windstärken belege ich die Pinne und klettere auf mein Vordeck. Ich lehne mich gegen den Mast während das Wasser lautlos unter meinen Füssen hinweggleitet. Unter einem transluzenten, silbrig schimmernden Wolkenhimmel verschwimmen alle Konturen in der Kimm. Ein Schwebezustand.

Rankwitz / Usedom: mein Tipp, wenn man vor der polnischen Grenze noch einen Stopp einlegen will. Ein weißes Pavillonzelt mit guter Bewirtung sorgt für eine besonders stimmungsvolle Atmosphäre in diesem kleinen, gepflegten Yachthafen.

Der längste Schlag: 08:15 ab Rankwitz. Strahlend blauer Himmel, aber Flaute. Ich bewege 250 kg Gesamtgewicht mit Muskelkraft durchs Wasser. Um jeden Windhauch zur Unterstützung einfangen zu können, setze ich beide Segel. Für die kurze Strecke nach Lassan benötige ich ganze zwei Stunden. Auf Höhe des Achterwassers setzt endlich eine leichte Brise ein. Ich belege die Pinne und lege mich rücklings auf mein Sonnendeck. Regungslos lasse ich mich eine Zeit lang einfach nur treiben. Hin und wieder setze ich mich auf und lasse meine Beine zur Abkühlung ins Wasser baumeln. Um 14:00 erreiche ich Wolgast.

Zeitgleich trifft mein Bruder mit der Bahn in Wolgast ein. Nach einer ausgedehnten Mittagspause geht es um 15:45 weiter. Zwei Windstärken genügen bereits, um unter Vollzeug sportlich durchs Wasser zu schneiden. Meinem Bruder gefällt seine kleine selbstverordnete Studienpause sichtlich. „Wohin segeln wir heute eigentlich?“ fragt er. „Vielleicht nach Thiessow oder Wieck.“, überlege ich. Aber als wir die Peenemündung verlassen und auf den Greifswalder Bodden hinaussegeln, erinnere ich mich plötzlich an einen Entschluss, den ich zum Reisebeginn gefasst hatte. Sollten die Winde günstig sein, aber nur dann, wollte ich Rügen Rund wagen. Ich realisiere, dass wir mit Nordost 2 den denkbar günstigsten Wind haben, den wir überhaupt bekommen können.

Um 18:45 haben wir die Insel Ruden Steuerbord querab. Die Tonne Landtief erreichen wir um 19:30. Ein Traum! Ich kann es eigentlich selbst nicht glauben: wir segeln wirklich auf der Ostsee! Die Wellen sind um einiges mächtiger, als im Bodden, aber auch länger. Spannend, aber zugleich angenehm zu segeln. Die Wellen schlagen nicht gegen das Boot, sondern heben und senken es sanft.

Längst ist mein Entschluss gefasst: wir wollen versuchen, Sassnitz zu erreichen. Wir segeln und segeln. Dann verschwindet die Sonne langsam hinter Rügen und weicht einem schaurig schimmernden Vollmond. Die erste Nachtfahrt in meinem Seglerleben. Das Leuchtfeuer der Greifswalder Oje ist hell und deutlich zu sehen, unser Zielort Sassnitz hingegen nicht. Dann sehen wir endlich ein Licht aus Richtung Sassnitz. Ist das der Leuchtturm der Hafeneinfahrt? An-aus, an-aus, ja das muss er sein. Nur Mut, gleich sind wir da. Dann taucht ein weiteres Licht auf und noch eins. Mir dämmert es: das sind schlicht und ergreifend die ersten Lichter von Sassnitz, die hinter der Kimm auftauchen. Diese Erkenntnis behalte ich erstmal für mich, denn sie bedeutet, dass wir noch unendlich weit von Sassnitz entfernt sind.

Irgendwann können wir dann endlich im Lichtermeer von Sassnitz den Leuchtturm der Hafeneinfahrt ausfindig machen. Er nimmt sich aus, wie eine kleine grüne Taschenlampe, die an und ausgeknipst wird, so schwach leuchtet er. Muss man erstmal wissen, denke ich. Ansonsten denke ich nicht mehr viel. Beide sind wir erschöpft und jetzt, wo die Sonne unsere gischtnasse Kleidung nicht mehr wärmt, auch ziemlich durchgefroren. Um 22:30 erreichen wir endlich Sassnitz. Der Koch im Hafenrestaurant erbarmt sich unser und legt eine Nachtschicht ein. Wir verschlingen Unmengen an leckerem geräuchertem Fisch und regulieren unseren Elektrolythaushalt mit einigen Bechern Lübzer. Mehr tot als lebendig fallen wir schließlich irgendwann in unsere Schlafsäcke.

Ostsee / Kreidefelsen: „Da kommen die Basissegler" begrüßt uns ein Skipper, als mein Bruder und ich nach der Umrundung der Kreidefelsen von Rügen bei strömendem Regen und völlig durchnässt in den

Hafen von Lohme verholen. Diese Worte, halb im Scherz, halb Respekt zollend ausgesprochen, hallen in meinem Kopf wider, als wir unsere Jolle in der hintersten Ecke des kleinen Hafenbeckens, vor Wind und Welle gut geschützt, festmachen. Seit 18 Tagen bin ich nun schon unterwegs, nur mit Jolle und Zelt - Basissegler - auf einer Reise, die sich mehr zufällig ergeben zu haben schien, als dass sie geplant war, und deren unzählige Erlebnisse sich Tag für Tag nachhaltig in mein Gedächtnis einprägen.

Schon einmal war ich durch die Ostsee gesegelt: zwei Wochen dänische Südsee, Rund Fünen, ein Ausbildungstörn. Seit dieser Zeit „träumte" ich vom Fahrtensegeln auf eigenem Kiel, las Bücher und Reiseberichte und dachte mir Reiserouten aus, die ich irgendwann einmal in meinem Leben segeln wollte...

Am nächsten Morgen um Schlag 05:30 ist die kurze Auszeit meines Bruders vorbei. Pünktlich erwartet ihn das Taxi am Rande der Steilküste und transportiert ihn zurück in die Zivilisation.

Lohme: Mit weitem Abstand meine persönliche Nummer eins unter den Yachthäfen, die ich auf der Reise kennen gelernt habe. Kein anderer Hafen kann mit dieser dramatischen Lage direkt an der Steilküste konkurrieren. Die Kreidefelsen, Sassnitz und Binz sind von hier aus bequem mit dem Bus erreichbar. Man kann auch zu den Kreidefelsen wandern, direkt entlang der Steilküste. Ein schönes Kontrastprogramm. Beste Gastronomie gibt es im Dorfkern oberhalb des Hafens

Kap Arkona: Der Höhepunkt der Reise! Ich umrunde das Kap! Dann schläft der Wind ein. Ich habe nur noch Rügen Rund im Kopf und muss mich regelrecht dazu zwingen, anzulanden. Mit dem letzten Windhauch erreiche ich den Strand westlich vom Kap. Er ist paradiesisch. Herrlich feiner Strand, hier und da ein paar rundgewaschene, dunkel schimmernde Felsen, die aus dem Sand herausragen. Im Hintergrund die grün bewachsene Steilküste. Bin ich hier auf den Seychellen? Viele junge Leute bevölkern den Strand. Nachts campen sie in ihren Zelten und Wohnmobilen oberhalb der Steilküste. Ich tue es ihnen gleich und bin am nächsten Morgen der erste, der sein Zelt abbricht. Denn wir haben lupenreinen Ostwind. Rügen Rund ist damit besiegelte Sache!

Ich schiebe das Boot mit dem Bug zuerst ins Wasser, damit die Brandung nicht ins Cockpit schlägt. Das Boot schwimmt in der starken Brandung auf. Im nächsten Moment senkt es sich wieder ab. Ich registriere ein Geräusch, das dem Brechen von Knäckebrot sehr nahe kommt, und weiß sofort, was soeben passiert ist. Mein Autopilot blendet jede Gefühlsregung sofort aus. Mechanisch und ferngesteuert entferne ich die Strebe des Slipwagens aus dem aufgesplitterten Bootsrumpf und ziehe das Boot zurück ans Ufer.

Ruben, ein Junge vom Strand, schaut mich fragend an. „Ich lasse mich von diesem Leck bestimmt nicht von meinem Ziel abbringen!" höre ich mich sagen. Mir wird langsam bewusst, dass ich am Ende meiner Kräfte bin. Ruben bricht seinen Strandtag ab, sammelt Frau und Kind ein und fährt mich zum Baumarkt. Er hat eine Idee. Wir kaufen Lochplatten, Maschinenschrauben, ein Stück Holz und Silikon. Dann fahren wir zurück zum Boot. Innerhalb einer Stunde ist das Leck dicht. Ruben ist sichtlich zufrieden mit seiner Leistung, und das kann er auch sein. An dieser Stelle wird garantiert kein Wasser mehr ins Boot gelangen. Und ich kann nicht begreifen, warum er das getan hat. Einen wertvollen Urlaubstag lang mit dem Auto hin und her zu fahren, um das Boot eines wildfremden Menschen zu reparieren. Mein Weltbild bekommt Schlagseite.

Abschied: Über Nacht dreht der Wind um 180°. Am nächsten Tag habe ich West 4 – 5. Ich ziehe das Boot ins Wasser und klettere über das Deck ins Cockpit. Grimmig setze ich die Segel und steuere – gegenan! Rügen Rund, jetzt erst recht! Eine halbe Stunde lang kreuze ich besessen gegenan und laufe dabei vielleicht gerade mal 100m Höhe. Eine harte, kurze Welle schlägt mit aller Wucht gegen den breiten, auf Binnengewässer ausgelegten Rumpf meiner armen Timpe und es kracht jedes Mal so laut, dass es schmerzt. Hat das eigentlich noch etwas mit guter Seemannschaft zu tun, frage ich mich. Im selben Moment zieht vor mir eine Nebelwand auf. „Dicht am Ufer entlang segeln, da kann kein gefährlicher Gegenverkehr kommen!" denke ich noch, aber in Wirklichkeit weiß ich: das war's!

Ich wende und falle ab.

Vor mir liegt Kap Arkona in strahlendem Gegenlicht. Sofort beruhigt sich der scheinbare Wind. Ausgelassen geigt meine Timpe durch die Wellen, die das Boot nach dem Kurswechsel nur noch sanft heben und senken. Der Kampf ist vorbei.

Eigentlich ist heute ein wunderschöner Segeltag. Die Sonne strahlt und ich surfe mit Schmetterlingssegeln die Wellen hinab. Aber lange Zeit spüre ich gar nichts. Erschöpft sitze ich im Boot und gleiche mechanisch die Gierbewegungen des Bootes aus. Boot kaputt. Und jetzt, so kurz vorm Ziel: Reiseabbruch. Aufgeben – das war die schwierigste Herausforderung der ganzen Reise! Dann fallen mir Geschichten von Bergsteigern ein, die hundert Meter vor dem Gipfel umkehren mussten. Langsam begreife ich, dass ich richtig gehandelt habe. Ich umrunde Kap Arkona ein zweites Mal. Diesmal in entgegengesetzte Richtung. Ich entscheide mich für Glowe, Kartenkurs Süd Süd Ost. Seit meinem Aufenthalt in Lohme habe ich irgendwie ein Auge für Meeresströmungen bekommen. Intuitiv halte ich darum heute auf Süd vor. Im Schutze der Landabdeckung glättet sich die Welle. Plötzlich spüre ich Erleichterung. Erleichterung und Erschöpfung. Mit jedem Meter, den ich das Kap hinter mir lasse, komme ich langsam wieder ein Stück zu mir...

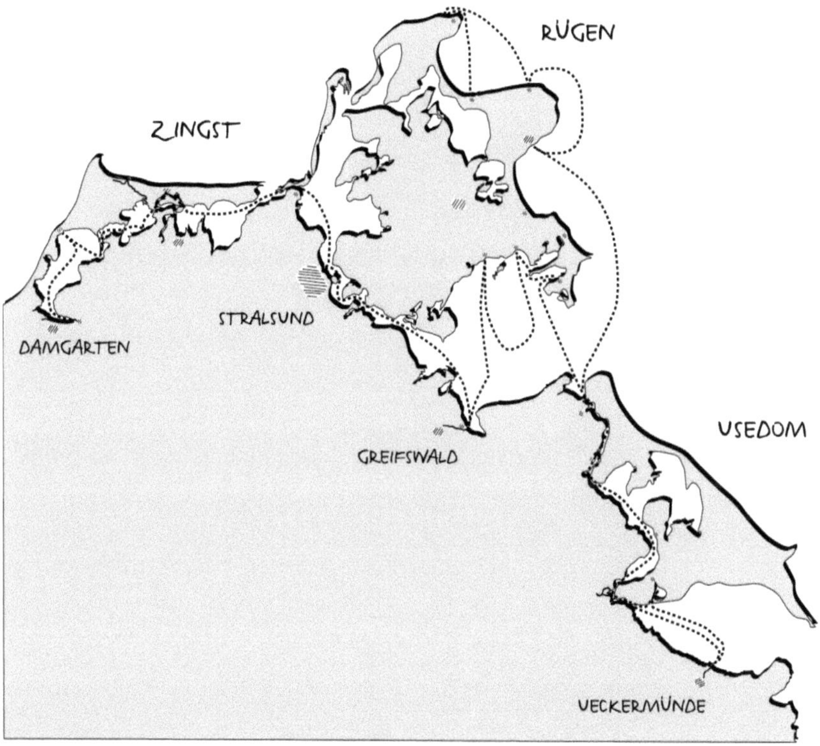

7

Netzpiraten unterwegs

Jollenflottille im Barther Bodden

Wenn es am schönsten ist, soll man gehen. Das war vor zwei Stunden. Als der Verstand den erneuten Versuch unternahm, einen mahnenden Appell an mich zu richten. Aber manchmal ist es eben so, dass Augenblicke nicht enden sollen. Wie auch heute Abend, am Ende unserer kleinen Jollen-Flottille. Also gehe ich mit. Vom nächtlich verdunkelten Grillplatz zur Fußballparty im Vereinsschuppen. Spreche dort einige Biere später fremde Menschen an und beginne, etwas zu auffällig Luftgitarre zu TNT von AC/DC zu spielen. Das ist ein Zeichen. Ab ins Bett. Das ist das Finale eines super Segelwochenendes. Mehr geht nicht!

"Was geht jetzt?" Martin drängt. Lasst uns noch wo hingehen. Da hinten ist noch Musik. Er weist mit seinem Finger über die Hafenanlage hinaus an den Stadtrand von Barth. Ich nehme Blickkontakt zu Udo auf. Man muss die Feste feiern, wie sie fallen. Die frühen Morgenstunden tauchen den Hafen von Barth in ein unbeschreibliches Licht. Schiffe spiegeln sich im Wasser, welches glutorange schimmert. Der nachtblaue Sternenhimmel über uns hellt am Horizont bereits leicht auf. In einem diffusen Zick Zack Kurs folgen wir der entfernt erklingenden Musik aus der Stadt hinaus. Endlose Feld- und Waldlandschaften breiten sich im Morgengrauen vor unserem Auge aus. Mechanischen Schrittes laufe ich über den Flurweg, während meine Gedanken Zeit finden, das gemeinsame Abenteuer Jollen - Flottille zu rekapitulieren...

"Jetzt nicht neidisch werden!" Frau Michelis schließt die Tür zum Büro des Barther Segelvereins auf. Von ihrem Schreibtisch aus überblickt sie den gesamten Barther Bodden. So einen Ausblick haben viele Leute nicht mal auf ihrem Bildschirmschoner. "Mein Chef sagt immer, für diesen Arbeitsplatz müsste ich eigentlich was zahlen", sagt sie und lacht verschmitzt. Da hat er wohl Recht, der Chef. Ich schaue aus dem Fenster: Zelt- und Campingwiese mit zwei Slipwegen direkt am Wasser, eine einladende Vereinsgaststätte mit gepflegter Holzterasse und Sonnenschirmen, direkt im Anschluss der schöne Yachthafen. Nach Norden: Wasser, soweit das Auge reicht. Im Hintergrund ein feiner Küstenstrich: Zingst. Die Zimmer des Jugendferienzentrums haben einen ähnlich sensationellen Blick auf den Bodden wie das Büro. Ich lehne an der Balkonbrüstung und schaue hinaus aufs Wasser. Ich freue mich, dass wir einen so tollen Ausgangspunkt für unsere Jollen - Flottille gefunden haben. Hier kann wirklich jeder nach seiner Facon glücklich werden: wer Zelten möchte, kann dies tun, wer im Haus übernachten möchte - auch kein Problem. Auf dem Boot übernachten ist natürlich sowieso möglich. Frühstück gibt's wahlweise in

Selbstverpflegung oder frisch und liebevoll zubereitet in der Vereinsgaststätte. Dort kann man sich auch abends stärken, oder eben alternativ den eigenen Grill anwerfen. Der Barther Segelverein bekommt als Flottillenstützpunkt von mir fünf Sterne. Jetzt aber bin ich gespannt darauf, die Teilnehmer der Jollen - Flottille kennen zu lernen, die ich ja bisher nur aus dem virtuellen Segeln - Forum kenne...

Ein Blick auf die Uhr: zehn nach elf! Respekt! Die Stimmung ist heiter. "Ich segle schon mal vor, ich bin ja sowieso der Langsamste..." spricht Gernot, der mich, als er in seinem Miniboot sitzt, augenblicklich an Captain Jack Sparrow aus "Fluch der Karibik" erinnert. Schon segelt er in seinem winzigen Mirror - Dinghy aus dem Hafen und verschwindet am Horizont. Wir sollen seine roten Segel für längere Zeit nicht wiedersehen. Ganz im Gegenteil dazu unsere studentische Segelgemeinschaft, Tim und Julian. Sie lassen sich Zeit. Nur kein Stress.

Hartmut (Eigner) und ich (Crew) des schönen Piraten Juanita - schauen uns um: interessant, wie so ganz unterschiedliche Boote doch in Sichtweite zueinander bleiben. Zusätzlich geben uns die kleinen Walkie Talkies die Möglichkeit, in Kontakt zu bleiben. Als wir auf Höhe der kleinen Wieck dann doch ein wenig zu weit auseinander driften, drehen die schnellen Schiffe ganz von sich aus bei, damit die Flottille sich wieder sammelt. Ganz intuitiv und ohne große Absprache bleiben die Boote zusammen.

Ganz weit draußen auf dem Grabow entdecken wir die roten Segel unseres Karibikpiraten. Daneben das P-Boot von Conny und Franz-Josef. Etwas abseits der Fahrrinne liegen sie mitten im Bodden vor Anker. Was für ein Ankerplatz! Nach und nach finden sich die anderen Boote der Flottille ein, werfen Anker oder Vorleine. Bei der Hitze ist jetzt eigentlich nur eines angesagt: Platsch! Hinein ins Wasser. Wir schwimmen von Boot zu Boot und tauschen uns über die ersten Erlebnisse aus. "Super! Eine halbe Stunde lang auf derselben Kante segeln - das ist zu Haus nicht drin!" schwärmt Udo aus dem Rheinland. "Da hat man mal Zeit, einen echten Feintrimm der Segel vorzunehmen. Was das an Geschwindigkeit ausmacht!" Auch Tim und Julian haben neue Erfahrungen gesammelt. Schlauchboot - Totalverlust. Über die Frage nach der sachgemäßen Behandlung des Schlauchbootes lässt sich allerdings streiten...

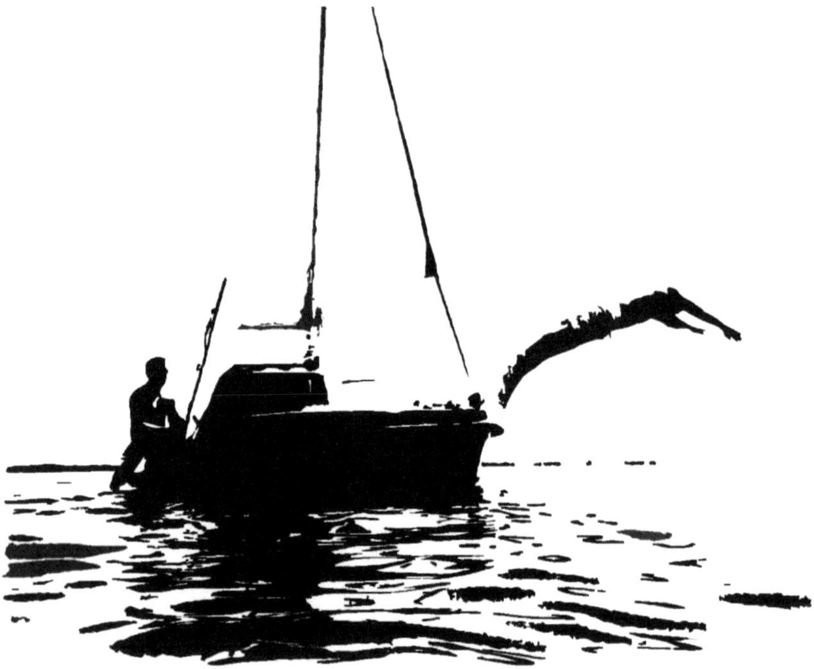

Mittagspause. Hartmut verteilt Cabanossis, schmiert Butterbrote und schneidet ein großes Käsestück in kleine Würfel. Der Hunger meldet sich. Udo sitzt mit verschränkten Beinen auf dem Vordeck seiner perfekt renovierten Lis - Jolle und genießt die einfache, aber leckere Brotzeit. "Ich bin ja ein Fan des einfachen Essens!" skandiert er. "Das hier" - genüsslich beisst er ins Butterbrot - "ist genau das Richtige!" Sein Arm beschreibt eine ausladende, halbkreisförmige Bewegung: "Ich brauche nicht immer ZWANZIG SACHEN auf dem Tisch..." Hartmuts Stirn legt sich unter dem sonnengebleichten Anglerhut in Falten. Sein Gesicht verrät Anteilnahme. "Du bist auch verheiratet, oder...?" Zwei Brote später meldet Udo sich über das Walkie-Talkie: "Daniel - wir haben drei Uhr. Um die Uhrzeit wollten wir eigentlich schon in Zingst sein." Franz-Josef hat Recht. Wenn wir heute noch unser Etappenziel erreichen wollen, müssen wir weiter. Denn so war der Plan: mit Westwind raus auf den Grabow und dann den Winddreher ausnutzen, um mit Nordost hinauf nach Zingst zu segeln. Also Anker auf. Gernot - der selbsternannte Langsamste - ist bei dem vorherrschenden Leichtwind nicht einzuholen. Einmal wieder. "Bei Leichtwind ist mein Mirror eindeutig im Vorteil. Der springt viel schneller an, als eure schweren Boote." erläutert ein gutgelaunter Dinghi - Skipper, als er mit seiner Nussschale an uns vorbeizieht.

"Du bist dran." Hartmut übergibt mir die Pinne. Überaus ausgeglichen und gutmütig liegt der Pirat auf dem Ruder. Kein Vergleich zu meiner bockigen Rennziege mit dem berüchtigten Krummsäbel im Groß. Es ist schön, im Zweierteam zu segeln. Trotzdem - irgendetwas scheint Hartmut zu missfallen. "Daniel, Dein Kurs ist nicht optimal." Ich verstehe nicht recht, worauf er hinaus will. Die Tonne, die ich ansteuere, ist eindeutig richtig. Wir laufen einen Amwindkurs mit dichtgeholten Segeln. Erneut setzt Hartmut an: "Du folgst dem Wind gar nicht." Er zeigt in Richtung Verklicker. Mir dämmert es: Hartmut spricht nicht von der grundsätzlichen Windrichtung. Er spricht von den kleinen Winddrehern im Gradbereich, die sich, so scheint es mir, sekündlich ändern. Jetzt frischt der Wind auf. Ich spüre, wie Hartmut innerlich immer unruhiger wird. " Beachtest Du die Windfäden gar nicht?" Auch die Tatsache, dass Martin zu uns aufschließt, scheint ihm nicht sonderlich zu gefallen. "Dürfte ich auch mal wieder ans Ruder" bemüht sich Hartmut, seine offensichtliche Fehlentscheidung von vorhin möglichst höflich wieder rückgängig zu machen. Tatsächlich scheint Juanita unter ihres Herren Führung schneller zu werden. Unmerklich, aber stetig, fällt Martin ab. Dafür schließt jetzt Udo auf. Ein leicht nervöses Zucken umspielt Hartmuts Augenwinkel. Mit militärischem Zack fliegt die Großschot in ihre Klemme. Verklicker und Ruder scheinen plötzlich auf wundersame Weise mechanisch miteinander verbunden. Millimeter um Millimeter fällt Udo ab. Hochkonzentriert blickt Hartmut am Segel hinauf. Seinen Pinnenausleger führt er feinfühlig, wie einen Geigenbogen. Ab und zu lösen sich seine Gesichtszüge für einen Moment. Voraussetzung dafür ist allerdings, dass Udo wieder ein paar Millimeter abgefallen ist. Wieder zurück im Barther Bodden scheint Udo auf sichere Distanz zurückgefallen. "Tja, ja, Leichtwindsegeln kann nicht jeder!" entfährt es einem nun wieder etwas entspannter wirkenden Doktors der Physik. Ich für mein Teil bin beeindruckt. Und krame die Seekarte hervor. "Wenn wir hier abkürzen, kriegen wir den Tri auch noch ..."

Am Wasserwanderrastplatz Zingst, querab der Tonne 22, einigen sich Hartmut und Udo. "Ich bin nach berechneter Zeit Erster." sagt Udo. Das lässt Hartmut gelten. Wo aber bleiben Tim und Julian? Die Sorge um unsere Jüngsten, die wir am ersten Segeltag noch hegen, soll sich im Törnverlauf immer klarer als unbegründet erweisen. Tim und Julian kommen. Darauf ist Verlass! Die Frage ist nur: wann? Armseliger Kleingeist, der Du diese Frage stellst..."In zehn Minuten sind wir da." lassen sie uns immerhin über Handy wissen.

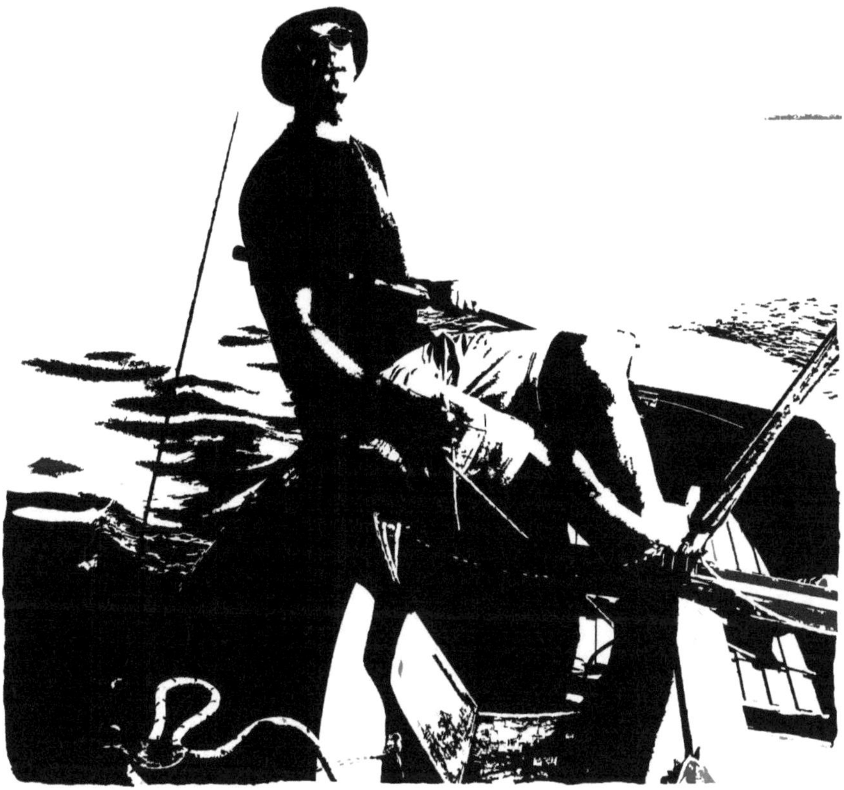

In wechselnden Gruppen laufen wir durch die hübschen Straßen von Zingst. Ein Gespräch ergibt das andere. Bis wir an den Strand von Zingst gelangen. Ostsee, Sand und Sonnenschein. Der Ort des Augenblicks entfaltet seine Wirkungskraft.

"Kann ich Ihnen noch einen Wunsch erfüllen?" möchte die hübsche Bedienung des Café Hirsch wissen. Tim und Julian starren auf ihre Gläser und schütteln den Kopf. Martin scheint da spontan noch ein Wunsch einzufallen, aber wir zahlen dann mal lieber. Die bebrillte Schönheit lächelt routiniert und kassiert ab. Schön war's. Wir brechen auf und nehmen die Gespräche mit auf den Weg zum Hafen. Die untergehende Sonne beleuchtet eine idyllische Landschaft. Es herrscht Ruhe und Windstille. In kleinen Zugverbänden motoren wir über das spiegelglatte Wasser gen Heimathafen.

Neuer Tag, neuer Wind, neues Glück. "Hallo!" Gaby und Katja winken uns vom heranbrausenden Topcat aus zu. "Und Tschüss!" Nachdem unsere Damencrew gestern abend zu uns gestoßen ist, segeln wir heute erstmals in vollständiger Besetzung. Entscheidend für das Erreichen unseres heutigen Etappenziels - der Hafen Barhöft - ist, dass der Wind sich genau an seine Vorhersage hält und aus Südost bläst. Damit haben wir die Chance, die Bockrinne hinaufzusegeln. Heute haben wir gute drei Windstärken. In Böen teilweise vier. Optimales Jollenwetter. Und siehe da: unsere beiden Studenten hängen im Trapez. Aha - schon klar. Wenn sie wollen, können sie. Martin steht gar Einhand im Trapez. Auch Hartmut ist guter Dinge, nachdem ja gestern die formale Sitzordnung auf dem Piraten herausgearbeitet wurde. Ich konzentriere mich also auf die Kartenarbeit, ändere die Fockstellung, wenn es mir nahegelegt wird und schieße ansonsten ein paar Fotos. Doch plötzlich merke ich, wie der Pirat unverhofft anluvt. Der Großbaum fliegt über meinen Kopf hinweg. Entgeistert starre ich den Verursacher des Manövers an. "Was?" fragt Hartmut seelenruhig. "Ist doch wohl klar, was ich hier mache, oder?" "Ja!" erwiedere ich irritiert. "Eine unangekündigte Wende!" Hartmut zuckt mit den Achseln. "Ein Vorschoter muss die Körpersprache des Rudergängers verstehen. Und umsetzen!"

Die Herausforderung besteht wie gesagt heute darin, die Bockrinne hinaufzusegeln. Als Navigator der Juanita plane ich, möglichst früh recht weit südlich in den Grabow hineinzusegeln, um dann von dort aus mit stabilem Kurs und halbem Wind direkt in die Bockrinne einzulaufen. Die Frage, die uns beschäftigt, lautet: können wir das Flach "Kleinhöft" schneiden, um nicht in der schmalen Fahrrinne gegen den Südost kreuzen zu müssen. Hartmut übergibt mir einen Holzriemen. Das ist unser Tiefenmesser. Kurs Süd liegt an. Welle um Welle tasten wir uns ins Flach vor. Ich steche den Riemen ins Wasser. Kein Grund. Also weiter. Wir können erstaunlich weit in das Flach hineinsegeln, bevor unser Tiefenmesser Grund findet. Ich verkürze die Lotintervalle. Wir haben weiterhin genug Wasser unter dem Kiel. Doch gerade als ich denke, wir kommen durch, höre ich das verräterische Geräusch: "Sssssssst". Juanita bremst abrupt ab. Ich antizipiere die blitzartig einsetzende "Körpersprache" des Rudergängers, tauche unter dem Groß durch und hole die Fock über. Gerade noch! Das muss eine Sandbank gewesen sein, wir haben wieder genügend Wasser unter dem Kiel. Etwas verunsichert segeln wir noch ein kleines Stück aus dem Flach heraus. Dann legen wir erneut Kurs Süd an. Diesmal kommen wir durch, das Flach ist tief genug.

Franz - Josef und Conny: irgendwo ganz weit vorne. Ingo mit seinem Windrider Tri: dito. Dann aber kommt Juanita. Dafür sorgt der Hartmut schon. Hinter uns: Udo. Dicht gefolgt von Martin. Dann Gernot, der bei den heutigen Windstärken tapfer in seinem Mirror kämpfen muss. Und zirca auf gleicher Höhe - da freue ich mich drüber - Tim und Julian. Respektable Segelleistung! Ehrlich mal! Aber wo sind die

Mädels. Auf Höhe von Dabitz entdecke ich ihr rot - weisses Segel. Sie sind schnell - aber wohin segeln sie?? Na gut, die werden schon kein Problem mit dem Aufschließen haben auf ihrer Rakete. Neuer Kurs Nordost liegt an. Recht voraus öffnet sich der Grabow, so dass Himmel und Wasser in der Kimm zusammentreffen. Die Insel im fernen Hintergrund ist Hiddensee. Das ist die Bockrinne. Wie schön dieser Blick ist, verrät die schnöde Seekarte nicht. Allerdings lässt sie anraten, hier einmal genau im Fahrwasser zu bleiben. Nordwestlich der Fahrrinne nimmt die Wassertiefe spontan auf 20 - 30 cm ab. Südöstlich der Rinne suggerieren verzeichnete Ortsnamen wie "Steinort" und "Nisdorfer Steinriff", dass es keine gute Idee ist, vom Pfad abzukommen. Unsere Damencrew, die wie aus dem Nichts wieder aufgeschlossen hat, scheint das nicht daran zu hindern, den Topcat dicht unter Land an den Jollen vorbeizuscheuchen. HelloGoodbye.

"Wir liegen vor Anker neben der Tonne 52." ertönt es über Kanal 2 unserer Walkie Talkies. Franz-Josef, dessen Lebensziel von seinem heutigen T-Shirt abzulesen ist: „Rente 2018“, achtet weiterhin zuverlässig auf ein gelungenes "On Scene Timing". Ingo - immer die Ausgeglichenheit in Person - scheint heute auf wundersame Weise neben seinem Windrider im Wasser zu schweben. Zuzutrauen wär's ihm ja irgendwie. In Wirklichkeit kann er in diesem flachen Wasser stehen. Wir verzichten hier mal auf Kopfsprünge. Stattdessen steht heute die Frage an: "Wie komme ich am geschicktesten wieder zurück in mein Boot". An richtig elegante Versionen kann ich mich rückblickend nicht erinnern. Immerhin hat sich niemand verletzt.

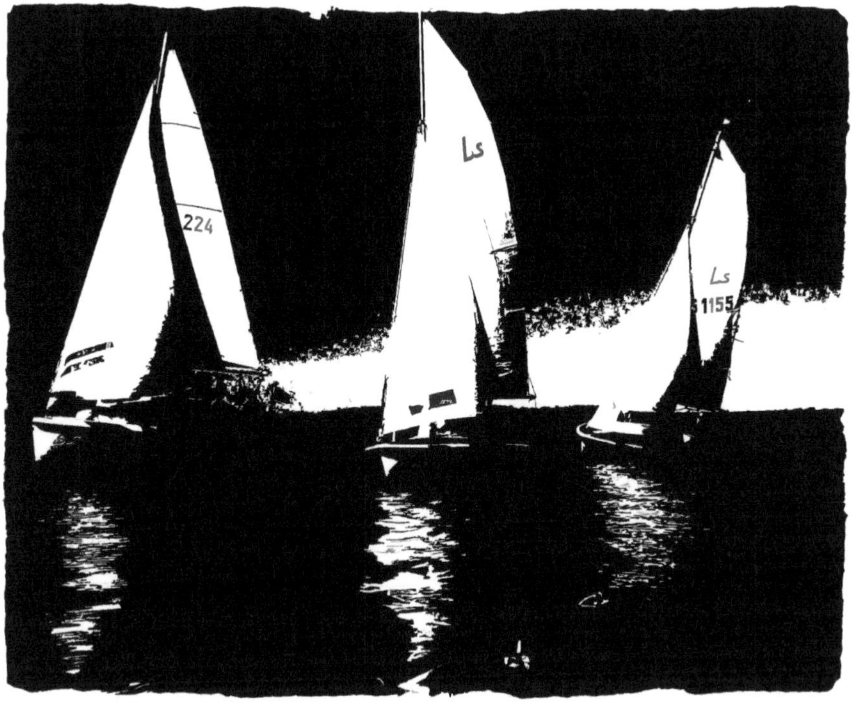

Aufbruch mit Komplikationen. Nach Tim und Julians Schlauchboot - Havarie heute der zweite Materialschaden. Gaby und Katja entdecken, dass das Trampolin ihres gecharterten Topcats gebrochen ist. "Wir segeln zurück und leihen uns was anderes aus!" geben die Beiden per Walkie Talkie bekannt. Wie ärgerlich. Aber die coolen Mädels nehmen es gelassen. Und sind schon wieder hinter dem Horizont verschwunden. Ja ganz richtig: verschwunden. Ich muss das erklären. Ich sitze zwar wieder an der Pinne von Juanita, bin aber trotzdem nicht Rudergänger. Das ist nicht schizophren. Vielmehr ist es so, dass der Rudergänger etwas entspannen möchte. Daher sitzt jetzt der Vorschoter an der Pinne. "Im Auftrag" sozusagen. Die Rechte des Rudergängers gehen dabei nicht auf mich über. Die operative Verantwortung allerdings schon. Irgendwie wie im Berufsleben halt. Egal. Es macht Spaß, den Piraten durch die Wellen zu jagen. Ich schätze die Windstärke mittlerweile zwischen 3 und 4 ein. Ich knalle das Groß dicht. SPEED! Ui, da kommt eine schöne Böe rein. Ich luve an, um Höhe zu gewinnen. Wasser gurgelt über das Seitendeck der Juanita. Herrlich. Aber - hatte der Rudergänger vorhin nicht etwas von Entspannen ... "Großschot los!" "Grooooosschoooooot looos!!!" "Mannnn!" Ich schmunzle in mich hinein. Das ist die Revanche des Vorschoters. Unschuldig blicke ich ihn an und erzähle ihm irgendwas von Speed behalten und Höhe gewinnen. Da muss Hartmut plötzlich lachen. Dann schiebt er den Anglerhut in die Stirn und lehnt sich zurück. Ich lese seine Körpersprache: weitermachen!

Die letzten Meter nach Barhöft sind hart. In engem Fahrwasser kreuzen wir gegenan. Immer wieder laufen wir auf Grund, wenden, segeln uns frei, laufen auf Grund, wenden, segeln uns frei. An der Fahrwassertonne B2/BT1 herrscht reger Fahrbetrieb. Wir biegen ab auf die 4 Meter breite Rinne in Richtung Hafeneinfahrt. In der Hafeneinfahrt herrscht Nulltoleranz. Hier MUSS man in der Fahrrinne bleiben. Das merken wir, als wir zum Bergen der Segel aufschießen wollen. Wir lassen es und steuern unter Vollzeug ins Hafenbecken. Conny und Franz-Josef sind schon vor Ort. Sie haben bereits mit dem Hafenmeister kommuniziert. Jetzt stehen sie am Stegkopf und dirigieren uns zu unserem Liegeplatz. Sie machen kein Aufhebens. Aber wenn man nur etwas genau hinschaut, sieht man, wie viel sie dazu beitragen, dass die Reiseorganisation so reibungslos läuft. "Lange können wir hier nicht bleiben, Daniel." Ich nicke. Ein Fischbrötchen später geht es zurück nach Barth. Rudergänger Hartmut ist wieder in Regattastimmung. Aber diesmal sind die Lis - Jollen wirklich dicht an uns dran. Martin schneidet uns von Backbord den Weg und zwingt Hartmut, um einige Zehntelgrad von der Ideallinie abzuweichen. "Das werte ich jetzt mal als Manöver des letzten Augenblicks!" verifiziert der Kurshaltepflichtige auf seine ihm eigene trockene Art und Weise. Und dann: "Den brauchst Du nicht mehr zu beachten. Der ist disqualifiziert."

Ich gebe meinem Rudergänger Recht. So dicht, wie Martin vor unserem Bug vorbeigefahren ist, hätte er auch gleich durch uns durch fahren können. Noch dazu das hämische Grinsen beim Überholen. Aber Hartmut bleibt dran. "Siehst Du - jetzt ist er wieder unkonzentriert!"

Juanita liegt wieder vorne. Wirklich? Neben uns schiebt sich ein alter Bekannter auf Position. Füße auf dem Seitendeck, Cowboyhut in der Stirn - aber der Schein trügt. Udo ist hochkonzentriert. Und schnell. Und gut gelaunt. "Soll ich mal ein Foto von Euch machen?"

Er fällt ab, kreuzt unser Fahrwasser und zieht in Backbord wieder gleich, um die Kamera aus meiner Hand zu übernehmen. Gibt er zumindest vor. Stattdessen schießt er mit Tempo an uns vorbei und lacht sich tot. "Was ist nun mit der Kamera?" feixt er. Das ist aber auch wirklich ärgerlich. Wo hat er den Speed auf einmal her? Ich drehe mich um zu einem ratlosen Hartmut. "Das hat er jetzt wirklich gut gemacht", sieht er sich genötigt, zuzugeben. Udo treibt das Spiel auf die Spitze, fiert die Fock und ruft uns zu "ich bremse mal ein bisschen". Das Juanita jetzt nicht aufschliesst ist - na ja - ähm - also - seeeeehr ärgerlich. Udo fiert auch noch das Groß. "Mehr bremsen kann ich nicht", grinst er. Wo bleiben die erlösenden Wellen, die uns verschlingen?

260° liegen an. Wir segeln direkt in die untergehende Sonne hinein. Die Flottille hat sich über den Grabow verteilt. Bunte Spinnaker leuchten vor blauem Hintergrund. Hartmuts Regatta-Elan hat sich gegen Ende des Tages ein wenig gelegt. Eine Positionsverschlechterung scheint unwahrscheinlich: Pinnenübergabe. Sein Blick gleitet über das im Gegenlicht glitzernde Wasser. Mittlerweile hat er es sich im vorderen Teil der Plicht bequem gemacht, den Traveller nach Lee verschoben, um gemütlicher sitzen zu können.

Aus der Tiefe des Raumes taucht eine Aquila Jolle auf. Unsere Mädels. Anscheinend hat der Bootstausch problemlos funktioniert. Die Mädels schießen ein paar Fotos von einem entspannten Piratenteam und nehmen dann eine ihrem selbstbewusst - pragmatischen Segelstil entsprechend krasse Abkürzung mitten durch das Kleinhöft. Frechheit siegt. Sie kommen unbescholten hindurch. Gibt's doch gar nicht! Der Wind wird zusehends müde. Im Licht der Abendsonne treiben die Boote in Richtung ihres Heimathafens Barth.

Letzter Segeltag, leider schon. Ingo nimmt eine entspannte Grundhaltung ein. Leicht zurückgelehnt, die Hände über den Oberkörper verschränkt, sitzt er regungslos in seinem Windrider. Ein Ausdruck großer Ausgeglichenheit und Zufriedenheit liegt auf seinem Gesicht. So segelt er nun schon eine halbe Stunde neben uns her. Wenn er nicht ab und zu ganz kurz die Hand zum Gruße heben würde... aber offensichtlich besitzt er volle Kontrolle über sein Schiff. Er folgt dem Fahrwasser. Überholt uns. Wartet. Dreht eine Schleife. Ich mache eine geistige Notiz: Ingo D. - Psychologe und Hypnotherapeut - steuert sein Schiff mit Willenskraft...

Wir genießen die Mittagspause auf dem Grabow. Der folgende Schlag nach Barth wird der letzte dieser Reise sein. Ingo hatte mir gleich zu Anfang der Reise angeboten, auf seinem Windrider eine Strecke mitzusegeln. Jetzt möchte ich sein Angebot einlösen. Wenn nicht jetzt - wann dann. Ein hochgestimmter Gernot spielt Wassertaxi und rudert mich und meine sieben Sachen vom Piraten Juanita zu Ingos Windrider, der bis jetzt nur eine handschriftlich in den Polyethylenrumpf eingravierte US - Codenummer als Namen trägt, so neu ist er.

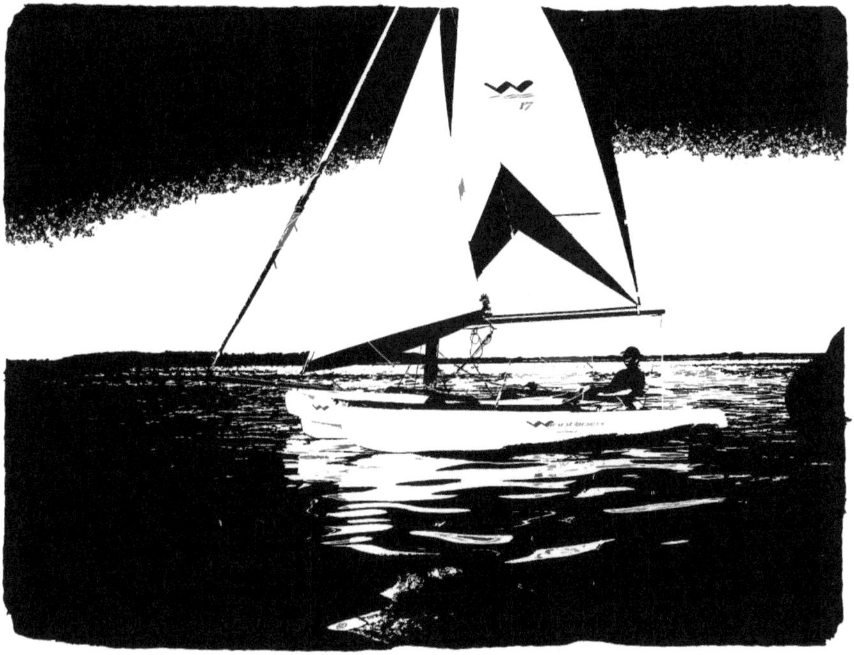

Willenskraft allein reicht nicht aus, stelle ich fest. Ganz im Gegenteil. Die Fußpedalsteuerung des Trimaran fordert den ganzen Mann. "Wenn Du das linke Pedal trittst, fährt er nach links, wenn Du das rechte Pedal trittst, fährt er nach rechts" klärt mich Ingo über die simple Funktionalität auf. Aber warum bringe ich das dauernd durcheinander. Meine gesamte intuitive Segelmotorik bricht in sich zusammen. Ich trete nach links. Falsche Richtung. Nach rechts. Das war zu weit. Also wieder links. "Fall mal ein bisschen ab, dann wird das Ganze ruhiger." Auf Höhe der kleinen Wieck habe ich's dann so vom Prinzip her raus. "Na, wollen wir mal das Vorsegel ausrollen?" Ich nicke. Speed! Gut aber, dass sich Ingo darum kümmert. Ich habe mit den Pedalen schon genug zu tun. Wir rauschen an Conny und Franz-Josef vorbei. "Das ist ganz schöne Arbeit hier!" rufe ich ihnen zu. "Ich sehe auf Eurem Boot nur EINEN arbeiten - und DU bist das nicht!"

erwiedert Conny. Der Trimaran rauscht mit mächtiger Schubkraft durchs Wasser. "Die werden wir alle noch einholen." Ingo deutet auf die ganz weit entfernten Jollen. Ich glaube ihm. Was Du auf der Jolle mit feingestimmter Segeltechnik und überlegter Taktik machst, machst Du hier mit Power. Der Trimaran rauscht auf die kleinen Boote zu wie ein Raptor. Einen nach dem anderen schlucken wir. Nur Hartmut, der lässt sich das First Ship Home nicht mehr nehmen, das glaubst Du aber! Und die anderen? Nachdem Tim und Julian zu Beginn der Jollen - Flottille mit backstehender Fock aus dem Hafen geschlittert waren, steigerte sich ihre seglerische Leistung im Verlaufe der Tage enorm. Heute laufen sie mit vorbildlicher Segelstellung im Hafen ein. Pünktlich zum Spiel Deutschland - Argentinien sitzen wir in der Vereinsgaststätte Vinetablick. 90 Minuten später feiern wir! Es wird eine lange Nacht. Und eigentlich soll man gehen, wenn es am schönsten ist. Aber manchmal ist es eben so, dass Augenblicke nicht enden sollen...

Das Konzept der Flottille - Geteilter Spaß = doppelter Spaß - hat sich an den drei sonnigen Segeltagen auf angenehme, lustige und spannende Art bewiesen. Eine erstaunliche Randnotiz dieser Fahrt war für mich, dass wir trotz langer Badepausen und Landaufenthalten auf Zingst und Barhöft insgesamt ca. 60 sm Fahrt durchs Wasser absolvierten. Im Vordergrund stand aber nie ein festgelegtes Etappenziel oder gar eine Meilenzahl. Wind, Laune und am dritten Tag auch das Timing der Fußball - Weltmeisterschaft bestimmten unseren Kurs. Und dabei war der Weg eindeutig das Ziel. Die Badepausen auf dem Grabow waren törnprägend. Gleichzeitig erfüllten sie auch eine Funktion: sie hielten auf ungezwungene Art und Weise die Flottille zusammen, die sich ja aus Booten ganz unterschiedlicher Art zusammensetzte. So mussten sich die langsameren Bootscrews nicht gestresst fühlen und die schnelleren Crews konnten bis zum nächsten Badestop ihre Segel dichtholen. Mittlere Wassertiefen um die drei Meter erlaubten es uns, mitten auf dem Grabow die Anker zu werfen.

Trotz radikal unterschiedlicher Bootsdesigns lag abends im Hafen zwischen erstem und letztem Boot selten mehr als eine halbe Stunde Zeitunterschied. Pro Törntag gab es zwei Pausen, in denen sich die Boote sammeln konnten. Die drei Aussenborder in der Flottille gestatteten es uns am ersten Tag, trotz Schwachwind bis nach Zingst zu segeln. Dass der Wind am Abend komplett einschlief, war für uns damit kein Risiko. Die Marschfahrt von Zingst nach Barth dauerte 90 Minuten und endete um 21:30. Jeder war da froh, nicht allein auf Segel angewiesen zu sein.

Fazit Flottille: Gerne wieder und je länger desto lieber.

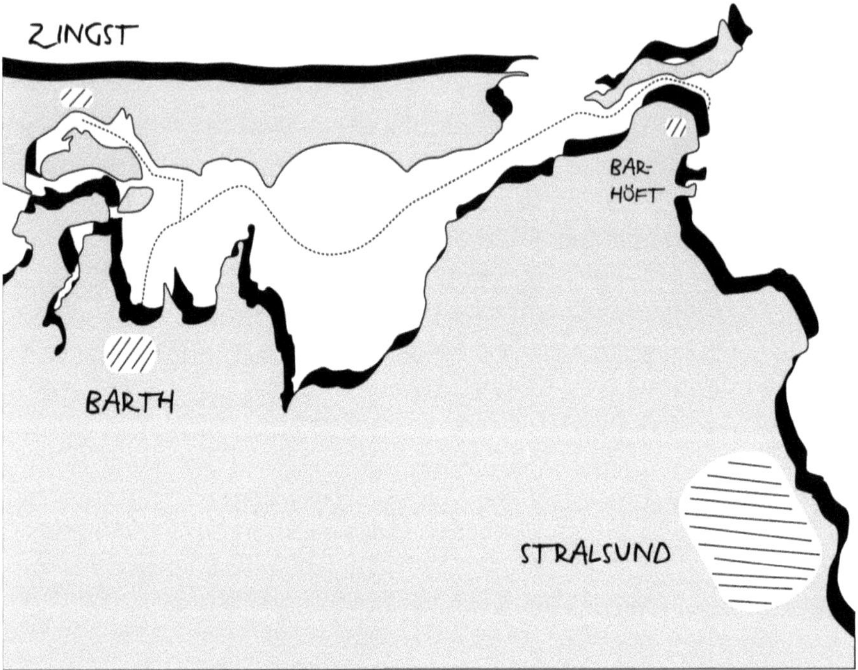
ZINGST
BAR-
HÖFT
BARTH
STRALSUND

Zweiter Teil: Jollenwandern - ein Leitfaden

1

Rund um das Boot

Auf was kommt es an, wenn die Jolle überwiegend zum Wandern benutzt wird? Sicherlich nicht auf ausgefeilte Trimmmöglichkeiten.

Nicht jede Jolle eignet sich zum Wandern, aber viele. Die meisten der hier dargestellten Erfahrungen beziehen sich auf den Piraten. Andere Jollen sind genauso geeignet, wie z.B. Ixylon, Zugvogel, Conger, H-Jolle oder ähnliche. Diese Klassen sind Jollen im engeren Sinn, d.h. sie besitzen ein Schwert und sind offen, besitzen also keine Kajüte. Auf diesen Typ Boot möchte ich mich in meinem Leitfaden konzentrieren. Katamarane, Kieljollen und Jollenkreuzer sind sicherlich auch zum Wandersegeln geeignet, aber haben völlig andere Eigenschaften. Diese sollen kurz umrissen werden, bevor ich mich wieder den Jollen im engeren Sinne zuwende.

Katamarane sind schnell und lassen sich bis an den Strand segeln. Das Gepäck muss auf dem Trampolin festgeschnallt werden. Die Segeltechnik ist anders als auf Jollen und verlangt eine eigene Ausbildung. Einen gekenterten Katamaran aufzurichten, ist eine besondere Herausforderung. Trotz dieser Eigenschaften werden auch Katamarane zum Wandersegeln genutzt. Zum Beispiel veranstaltet eine Segelschule auf Rügen regelmäßige Touren im Hobie-Cat rund um Rügen, bei denen das Gepäck allerdings mit einem Begleitboot transportiert wird. Last but not least gibt es sogar zum Wandern geeignete Trimarane.

Kieljollen sind selbstaufrichtend und in der Regel unsinkbar durch zusätzliche Auftriebsvolumina. Beispiele sind der Kielzugvogel oder die BM-Jolle. Sie bieten mehr Sicherheit als Schwertjollen, besonders wenn sie außerdem mit einem selbstlenzenden Doppelboden ausgeführt sind. Auf der anderen Seite sind sie nicht ganz so flexibel wie diese. Man kann sie nicht an den Strand ziehen und das Trailern erfordert ein stärkeres Zugfahrzeug. Ein Wasserliegeplatz ist empfehlenswert, wenn man das Boot häufiger nutzt. Mit Hubkieljollen kann man auch flachere Gewässer erschließen, zumindest um dort zu ankern. Außerdem lassen sie sich besser trailern. Beispiele sind Sailhorse, Efsix und Monarch, oder in jüngster Zeit die c55.

Bei Jollenkreuzern ist die Übernachtungsmöglichkeit mit eingebaut. Hier gilt ebenfalls, dass ein Wasserliegeplatz obligatorisch ist. Im Vergleich zu Kieljollen bieten sie allerdings wesentlich weniger Sicherheit, da sie kentern können und sich ohne Hilfe nur schwer oder gar nicht aufrichten und lenzen lassen. Ein solider 15-er Jollenkreuzer lässt sich aber auch von weniger erfahrenen Seglern und sogar Einhand beherrschen.

Kombinationen aus diesen unterschiedlichen Typen sind ebenfalls in verschiedenen Klassen erhältlich. Als Hubkieler, Kielschwerter, Jolle mit Ballastschwert oder Schlupfkajüte versuchen sie, die Vorzüge von Jolle und Yacht zu vereinen. Bei der großen Auswahl an Typen und Klassen sollte man eines nicht vergessen: Die „eierlegende Wollmilchsau“ gibt es nicht. Wanderboote bleiben Kompromisse. Zwar mitunter gut abgestimmt auf Einsatzzweck und Revier, aber mit konstruktiven Grenzen, die man oft schneller entdeckt, als einem lieb ist.

Auftrieb und Stauraum

Zurück also zu den Jollen im engeren Sinn, d.h. den offenen Schwertbooten. Worauf kommt es dabei an? Meiner Meinung nach sollte das Boot vor allem zuverlässig und übersichtlich sein. Hochgezüchtete Regattajollen mit ausgefeilten Trimmmöglichkeiten sind weniger geeignet. Oft sieht man ältere Holzboote, mit denen Wanderfahrten unternommen werden. Nicht ohne Grund, denn neben dem rein ästhetischen Vergnügen, ein Holzboot zu segeln, gibt es auch technische Vorteile: Eine Holzjolle bietet ein Maximum an Stauraum bei relativ geringem Gewicht und sie kann nicht sinken. Boote, die über keinen Doppelboden verfügen, werden allerdings überkommendes Wasser nur schwer wieder los. Nach einer Kenterung bekommt man solch ein Boot ohne zusätzlichen Auftrieb meiner Erfahrung nach nicht aus eigener Kraft gelenzt, sondern ist dann auf fremde Hilfe angewiesen. Jede Jolle muss unter allen Umständen auch mitsamt Ausrüstung und Mannschaft schwimmfähig bleiben, also genügend Auftrieb besitzen. Daher wird man bei Holzbooten nicht darum herum kommen, Luftsäcke einzubauen, die den großen Stauraum wieder etwas einschränken. Bei GFK-Jollen mit Doppelwandungen reicht dieses Auftriebsvolumen in der Regel aus. Im Kapitel „Sicherheit“ werden diese Aspekte noch näher betrachtet.

Staumöglichkeiten im Vor- und Achterschiff müssen vorhanden sein, um alles gut unterzukriegen und das Gewicht zu verteilen. Falls diese durch Luken abgetrennt sind, sollten diese groß genug sein, um Packsäcke hindurch schieben zu können. Ob der Platz zum Schlafen an Bord reicht, kann man ausprobieren.

Holz oder Kunststoff?

Abgesehen von den Gesichtspunkten Auftrieb und Stauraum kann das Für und Wider von Holz und Kunststoff mitunter weltanschauliche Dimensionen annehmen. Die Frage nach einem Holz- oder GFK-Boot wird allerdings meistens durch eine ganz nüchterne Überlegung beantwortet: Hinsichtlich des Pflegeaufwands liegen zwischen Holz- und GFK-Booten bekanntlich Welten. Ältere Jollen aus Vollholz quellen oft nicht mehr ganz dicht und „ziehen" dann permanent Wasser. Wenn man nicht eine ausgeprägte bootsbauerische Berufung in sich spürt, sollte man lieber die Finger von einem solchen Boot lassen, es sei denn man kann sich eine gründliche Werftüberholung leisten. Sperrholz ist generell einfacher instand zu halten, da es nicht arbeitet und haltbarer ist. Einen guten Kompromiss zwischen Zweckmäßigkeit und Ästhetik stellen meiner Ansicht nach GFK-Rümpfe mit Sperrholzdeck dar. Das Deck muss überall absolut trittfest sein, da eine Person mit schwerem Gepäck beim Betreten eine Gewichtskraft von 100 kg und mehr ausüben kann.

Stehendes Gut und Segel

Beim Mast stellt sich eventuell die Frage, ob er besser aus Aluminium oder aus Holz ist. Ein Holzmast ist etwa doppelt so schwer wie einer aus Aluminium. Daher wird das Boot bei größerem Krängungswinkel instabiler. Ein Holzmast besitzt andererseits - neben seiner unschlagbaren Ästhetik - gewisse Vorteile bei einer Kenterung, da er durch seinen Auftrieb dem Durchkentern entgegenwirkt. Segeltechnisch bedeutet ein Aluminiummast ein klitzekleines Plus an der Kreuz, da er durch sein geringeres Gewicht weniger zusätzliche Krängung verursacht. Ein leichter Mast lässt sich auch leichter stellen und legen, z.B. beim Aufriggen oder beim Passieren einer Brücke außerhalb ihrer Öffnungszeiten. Für letzteres ist natürlich ein Klappmast das Mittel der Wahl. Holzmasten erfordern regelmäßige Pflege. Die Achillesferse ist in der Regel die Mastnut, deren Holz immer gut geschützt sein muss. Alumasten brauchen hingegen so gut wie gar nicht gepflegt zu werden. Der Mast sollte lediglich von Zeit zu Zeit inspiziert werden, z.B. um festzustellen, ob sich irgendwelche Nieten losgearbeitet haben. Für den Baum gilt ähnliches wie für den Mast. Dadurch, dass ein Alu-Baum hohl ist, lässt sich elegant im Innern ein Leinensystem für Unterliekstrecker und Reffleine verstecken. Ein Holzbaum wird oft mit einer Rollreffeinrichtung kombiniert.

Das Schwert ist klassenbedingt entweder aus Metall oder Holz. Zum Wandersegeln macht ein Metallschwert mehr Sinn, da es stabiler ist und außerdem ein zusätzliches aufrichtendes Moment erzeugt. Was das Ruder betrifft, ist ein Klappruder auf jeden Fall einem starren Ruder vorzuziehen.

Das Großsegel sollte um mindestens ein Viertel der Fläche reffbar sein, entweder durch ein oder zwei Bindereffreihen oder ein Rollreff, bei dem das Segel um den Baum aufgerollt wird. Das Bindereff ist vorzuziehen, da das Segel besser steht und es sich auch leichter einreffen lässt (siehe auch im Kapitel „Segeltechnik", Abschnitt „Einhand unterwegs"). Die Fock sollte auf dem Wasser geborgen werden können. Dies ist auf Regattajollen oft nicht der Fall, wo man erst an Land durch Zug auf das Vorstag das Fockfall so entlasten kann, dass es sich von einer Hakenleiste lösen lässt. Man kann diese Konstruktion natürlich jederzeit leicht durch die klassische Belegklampe mit einem Fall aus reckarmen Tauwerk (z.B. „Dyneema“) statt Draht ersetzen. Eine Rollfockeinrichtung macht aber mehr Sinn.

Genügend Beschläge für Festmacher sollten vorhanden sein. Am Spiegel sollten zwei Augen angebracht sein oder besser noch zwei Klampen auf Deck. Am Bug genügt eine doppelte Vorleine. Trimmmöglichkeiten können zwar nützlich sein, sie sind aber nicht unbedingt notwendig oder behindern sogar. Beispielsweise kann durch einen Großschot-Traveller das Großsegel sehr flach gezogen werden, um bei starkem Wind das Boot aufrecht und hoch am Wind zu segeln. Allerdings wird man beim Übernachten auf dem Boot diesen Traveller samt Reitbalken in der Regel ausbauen müssen, was umständlich sein kann (siehe Kapitel „Übernachten“).

Natürlich gibt es Jollen, die eher zum Wandern geeignet sind und welche, die es weniger sind. Es gibt aber auch Gegensätze, die sich nicht versöhnen lassen. Ein Boot kann nicht auf der einen Seite geräumig und gutmütig und gleichzeitig leicht und schnell sein. Man muss sich daher entscheiden, worauf man besonderen Wert legt.

Kauf einer gebrauchten Jolle

Jollen sind in der Regel langlebiger als Autos. Obwohl der Wertverlust eines Bootes auch von der Marktsituation sowie dem Pflegezustand abhängig ist, lassen sich meiner Erfahrung nach einige Gesetzmäßigkeiten feststellen. So kann man von der Faustregel ausgehen, dass sich der Wert eines Bootes bei guter Pflege alle zehn Jahre halbiert. Der Aufwand für die Instandhaltung nimmt hingegen von Jahr zu Jahr zu – besonders wenn die ersten größeren Restaurierungsarbeiten anstehen. Für die meisten Boote ist daher nach einigen Jahrzehnten ein Punkt erreicht, der einen Weiterbetrieb aus wirtschaftlichen Überlegungen fragwürdig erscheinen lässt. Der rationale Typ wird sich dann von dem Boot trennen. Nur der Liebhaber ist bereit, den immer maroder werdenden Rumpf mit immer aufwendigeren Reparaturen zu erhalten. Für den günstigen Kauf von Gebrauchtbooten kann die Empfehlung gegeben werden, ein Alter von 10-15 Jahren zu bevorzugen. Dann beträgt der Wertverlust schon über 50%, aber es sind in den nächsten Jahren noch keine altersbedingten größeren Reparaturen zu erwarten.

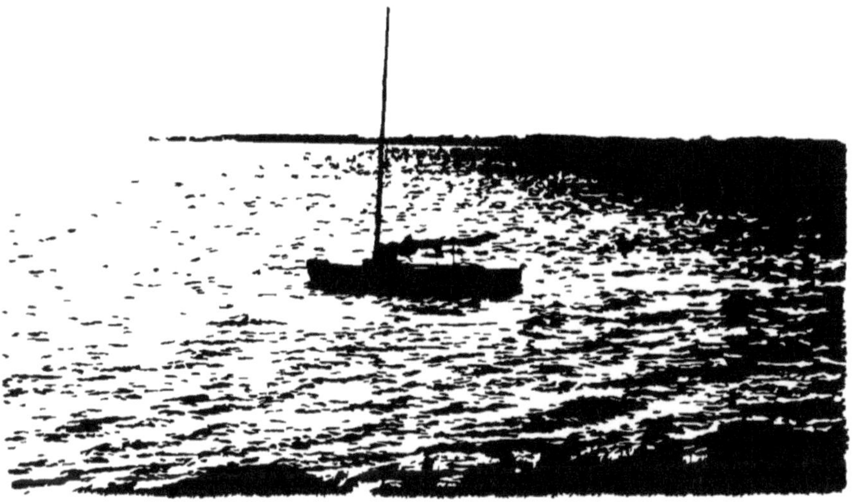

Ein Beispiel aus eigener Erfahrung: In den 42 Jahre alten Holzpirat, den ich 1995 mit einem Freund für 1000 DM erstand, investierten wir etwa noch einmal die gleiche Summe für die Restaurierung – und viel Zeit. Mit dem Resultat, dass sich der Wert des Bootes, gemessen am Gesamtzustand - wieder um etwa 500 DM erhöhte. Für die gesamte investierte Summe hätte man allerdings schon ein segelbereites Boot erstehen können. Dieses Beispiel zeigt, dass man sich durch einen niedrigen Kaufpreis nicht dazu verleiten lassen sollte, ein marodes

Boot zu kaufen – es sei denn dass die Restaurierung als Hobby betrieben wird und als solches schon einen Selbstzweck darstellt.

Warum ist man trotz Allem nicht immer zufrieden? Jollenwandern ist ein bewusster Verzicht auf viele Annehmlichkeiten. Natürlich ist die Versuchung groß, neidisch nach größeren Booten zu schielen - mit mehr Komfort, mehr Sicherheit, mehr von diesem, mehr von jenem. Aber Tatsache ist auch: Die Größeren haben wieder andere Einschränkungen. Und sei es, dass irgendwann die Verpflichtungen als Eigner überhand nehmen und der Spaß zu kurz kommt. Natürlich könnte man auch eine Yacht chartern. Das ist immer noch billiger, als ein eigenes Boot zu unterhalten. So wird die Charteryacht dann ebenfalls womöglich mit der Zeit immer noch größer, immer noch bequemer, immer noch teurer. Irgendwann mag man einmal die Lust verlieren, weil keine innere Bindung zum geliehenen Schiff besteht. Wie anders ist das Grundgefühl bei der eigenen kleinen Jolle, bei der man stets um Werterhaltung und kleine Verbesserungen ringt!

Das Erfolgsrezept ist wahrscheinlich, das eigene Boot zu kennen, seine Stärken zu nutzen und seine Schwächen zu akzeptieren. Eine Jolle ist nun mal keine Fahrtenjacht, aber genauso wenig ein Surfbrett. Wie ein Lebewesen hat auch jedes Boot seinen „Lebensraum“, in dem es sich am wohlsten fühlt. Für die meisten Jollen bedeutet dies: geschützte Gewässer mit nicht zu hoher oder steiler Welle, dafür aber gerne Flachwasserbereiche, wenn nicht zu steinig. Davon gibt es eine ganze Menge. Jedenfalls genug, um das Gros der Freizeitsegler „im Kielwasser“ zu lassen und mit einem Bruchteil der eingesetzten Mittel eine ganz eigene Erfahrung zu machen.

2

Etwas Segeltechnik

Wie segle ich mein Boot schnell und dennoch sicher?

Sicherlich wird man eine gewisse Segelerfahrung haben, wenn man sich auf eine Jollentour begibt. Der geneigte Leser möge mir also verzeihen, wenn ihn die folgenden Ausführungen im Stile eines Taschenbuches „Wie lerne ich segeln“ anmuten mögen. Nichtsdestotrotz ist es immer wieder nützlich, sich zu vergegenwärtigen, wie sich eine Jolle sicher und schnell segeln lässt. Die Priorität beim Jollenwandern liegt natürlich immer auf dem „sicher“; aber das „schnell“ macht eben auch den ganz besonderen Reiz aus.

Am Wind oder Kreuzkurs

Das A & O beim Kreuzen ist immer die genaue Beobachtung des Windeinfalls. Die Segel werden auf eine optimale Position dicht geholt und dann die Jolle so hoch an den Wind gebracht, dass das Vorliek der Fock gerade nicht mehr killt. Beide Lieken der Fock sollten nicht „bretthart“ stehen, sondern eine ganz geringe Kurve aufweisen, um aerodynamisch günstig zu sein. Dies wird durch den Schotzug und den Holepunkt erreicht. Der Holepunkt liegt tendenziell bei wenig Wind vorn und außen und bei viel Wind innen und hinten. Die Großschot wird dicht geholt, bis kein oder nur ein ganz geringer Gegenbauch mehr vorhanden ist. Sind Windbändsel vorhanden, so tastet man sich immer soweit nach Luv, bis das Luvbändsel beginnt, vom Segel abzuheben. Weht es nach vorn, so steuert man bereits zu viel Höhe. Weht das Leebändsel nach vorn, so verschenkt man Höhe. Das Beobachten der Windbändsel erfordert viel Konzentration aber bringt auch viel, da man den Wind optimal ausnutzt. Ob einem das zu anstrengend ist, muss jeder selbst entscheiden.

Bei leichtem Wind trimmt man die Segel eher bauchig. Bei zunehmendem Wind werden die Segelprofile flacher getrimmt, da der Vortrieb dadurch zwar etwas abnimmt, dafür aber auch Krängung und Abdrift abnehmen und mehr Höhe gesteuert werden kann. Am einfachsten geschieht das beim Großsegel durch das Dichtholen des Unterlieks. Bei viel Welle ist es allerdings ratsam, das Großsegel nicht zu flach zu trimmen um mit genügend „Power“ durch den Wellenkamm zu kommen. Fortgeschrittene haben die Möglichkeit, die Biegekurve des Mastes durch Salingspannung, Zugwinkel der Großschot (Traveller) etc. dem Wind anzupassen, falls solche Trimmeinrichtungen überhaupt existieren. Hier gilt, dass bei viel Wind der Mast ruhig etwas nach hinten durchgebogen sein kann, um ein „offenes“

Achterliek aber wenig „Vorsegelbauch“ zu haben. Diese Feinheiten sind insgesamt aber eher etwas für Regattasegler.

Bei viel Wind an der Kreuz versucht man, in den Böen vorsichtig anzuluven, um Krängung aus dem Boot zu nehmen und mehr Höhe zu laufen. Die Schoten können in Curryklemmen belegt sein, aber eine Hand sollte stets die Großschot halten, um diese in einer unvorhergesehen starken Bö sofort loswerfen zu können.

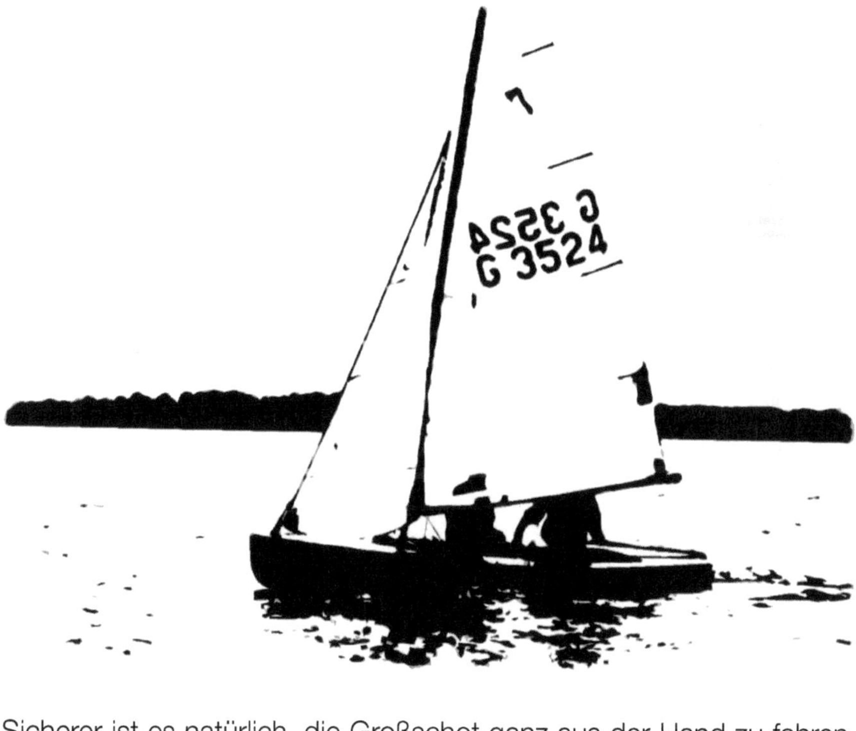

Sicherer ist es natürlich, die Großschot ganz aus der Hand zu fahren. Das Schwert kann bei viel Wind etwas angehoben werden, um ebenfalls Krängung aus dem Boot zu bekommen und die Luvgierigkeit zu verringern. Rechtzeitiges Reffen ist bei starkem oder böigem Wind anzuraten - aus Sicherheitsgründen und zur Schonung der Kräfte.

Ausreiten bringt am meisten, wenn man sein Gewicht in der Bootsmitte konzentriert; zum einen hat man dort den größten Hebel, weil das Boot dort am breitesten ist, zum anderen geht der Bug leicht durch die Welle und das Heck „saugt sich nicht fest". Wie viel Gewicht man dauerhaft oder in Böen über die Kante bringen kann und will, hängt nicht zuletzt von der eigenen Fitness ab.

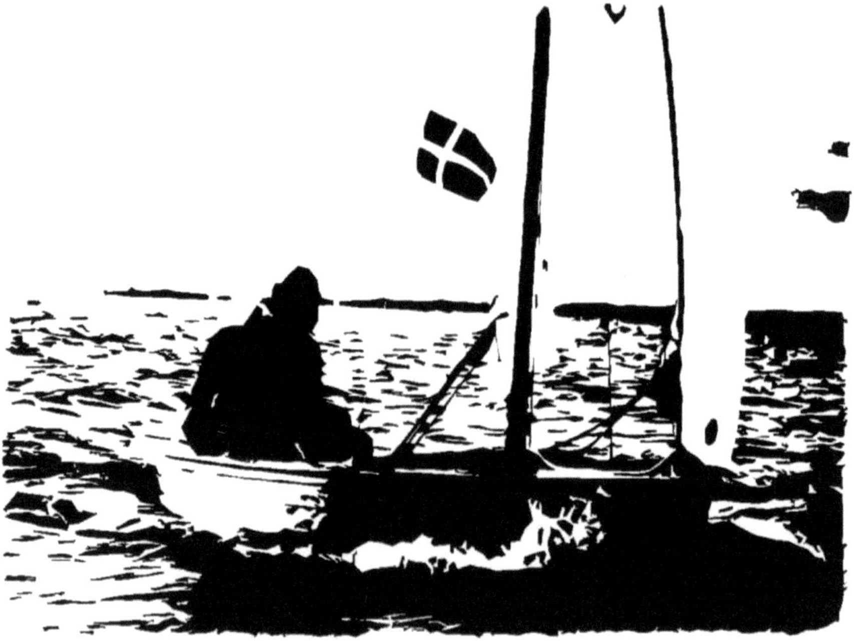

Halbwind bis Raumschots

Diese Kurse gehören zu den leichtesten, so dass ich nicht viele Worte über sie verlieren will. Fällt der Wind achterlicher als halb ein, wird das Schwert halb bis zwei Drittel aufgeholt. Beide Segel werden soweit gefiert, bis sie anfangen zu killen und dann wieder ein Stückchen dicht geholt. Fährt man überwiegend mit Krängung nach Luv, so setzt sich der Vorschoter nach Lee. Die Reisegeschwindigkeit ist auf diesem Kurs am höchsten, ohne dass sich die Mannschaft übermäßig verausgaben muss. Weite Strecken können so zurückgelegt werden, ohne dass eine Pause nötig wird. Achtgeben sollte man trotzdem auf die Wellen: Wenn sie groß sind und schräg von hinten einfallen, besteht bei stärkeren Winden ein Risiko querzuschlagen. Dem Verlangen des Bootes auf der Talfahrt einer Welle anzuluven, begegnet man am besten mit rechtzeitigem Gegenruder. Gleichzeitig trimmt die Mannschaft ihr Gewicht nach Luv. Ist das Boot dennoch schwer unter Kontrolle zu halten, sollte man mit gerefftem Groß und evtl. ohne Fock, oder alternativ nur unter Fock ablaufen. Die Geschwindigkeit, die man mit der verkleinerten Segelfläche erreicht, liegt meistens nur wenig unter der mit voller Besegelung, aber dafür werden Kraft und Nerven geschont. Ins Gleiten wird das Boot ohnehin nur in Ausnahmefällen kommen, da es beim Jollenwandern in der Regel zu schwer bepackt ist.

Vor dem Wind

Der Vorwindkurs ist einfach bei wenig und mittlerem Wind - aber nur dann. Bei viel Wind, und besonders wenn noch eine hohe Welle dazukommt, besteht die Gefahr einer unfreiwilligen „Patenthalse“. Um diese zu vermeiden, wird das Großsegel so weit aufgefiert, bis der Baum gerade nicht mehr an den Wanten anliegt und der Großbaumniederholer gestrafft. Der Niederholer verhindert ein Steigen des Baumes, welches oft zum Geigen des Bootes führt, was sich unter Umständen bis zur Kenterung steigern kann. Auch ohne Geigen bewirkt ein loser Baum, dass die Gefahr einer Patenthalse größer ist. Die Fock fährt man in der Regel als „Schmetterling“, indem man sie mit einem Spinnakerbaum oder langem Paddel ausbaumt. Wem der

Kurs „platt vor dem Laken“ nicht gefällt, der kann auch vor dem Wind kreuzen.

Halsen

Halsen bei viel Wind will gelernt sein. Die Halse wird dann so durchgeführt: Mindestens einer sollte auf der neuen Luvseite sitzen. Das Groß wird gefiert, bis der Baum gerade nicht die Wanten berührt, dann wird zügig abgefallen. Wenn der Wind gerade von der neuen Seite in das Großsegel fallen will, führt man den Baum mit einer kurzen, kräftigen Bewegung auf die neue Seite, indem man mitten in die Großschot greift und die Bewegung nach dem Übergehen des Baumes an dieser abbremst. Dann muss man sofort Gegenruder geben und ausreiten.

Keinesfalls sollte man wie auf Yachten vor der Halse das Groß dicht holen, da sonst das krängende Moment nach der Halse zu groß werden kann und Kentergefahr besteht. Statt Halsen können bei viel Wind auch Q-Wenden gefahren werden. Aber auch für diese braucht man etwas Übung, da ansonsten das Boot beim Anluven gefährlich weit nach Lee krängen kann.

Unter Spinnaker

Spinnakersegeln gehört zu den schönsten Erlebnissen, die man auf einer Jolle haben kann. Auch unter Tourenbedingungen bewirkt der Spinnaker immer einen merklichen Geschwindigkeitszuwachs. Das Boot liegt obendrein stabiler auf dem Ruder, da nun der Segeldruckpunkt ganz weit nach vorn gewandert ist und so das Boot weniger luvgierig ist.

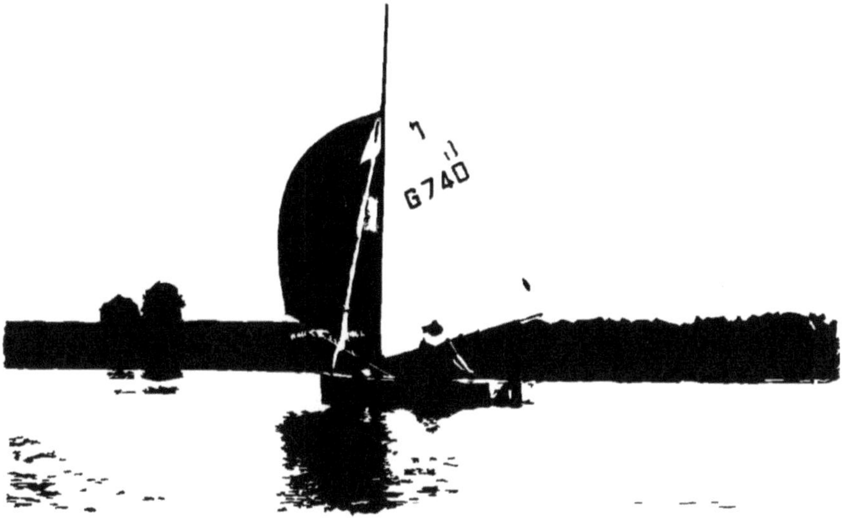

Bei sehr leichtem Wind hat es sich bewährt, die Fock oder sogar das Groß zu bergen und nur unter Spinnaker zu segeln, da dieser dann nicht von anderen Segeln abgeschattet wird und man weniger Mühe hat, ihn zum Stehen zu bringen. Auch das oft nervtötende Hin- und Herschlagen des Großbaumes bei Dünung entfällt so. Bei Windstärken oberhalb von 4 ist weniger Geübten vom Spinnaker abzuraten. Ebenso wenn der Wind zu vorlich einfällt. Das Setzen des Spinnakers geschieht am einfachsten in Lee, nachdem Spibaum und Toppnant schon angeschlagen sind. Das Setzen in Luv, indem man den Spinnaker als Bündel am Vorstag vorbei wirft, erfordert gute Koordination zwischen Vorschoter und Steuermann. Geborgen wird der Spinnaker, entgegen vieler Lehrmeinungen, meiner Meinung nach am besten immer noch in Luv, nachdem der Spibaum abgebaut wurde. Dies hat den Vorteil, dass der Vorschoter nicht in Lee unter dem Großbaum hindurch arbeiten muss. Beim Setzen und Bergen übernimmt der Steuermann beide Spischoten, die selbstverständlich nirgendwo mehr belegt sein dürfen. Nach klassischer Jollenausbildung wird dabei die Pinne stehend zwischen den Beinen eingeklemmt; aber auch andere Varianten sind denkbar. Beim Fahren des Spinnakers wird die Luvschot so belegt, dass der Spibaum im rechten Winkel zum (scheinbaren) Wind zeigt. Die Leeschot des Spinnakers (Achterholer) wird dann soweit gefiert, bis das Vorliek gerade nicht mehr umklappt. Zum Spisegeln sollte der Steuermann in Lee sitzen und der Vorschoter in Luv, da es für letzteren darauf ankommt, das große bauchige Vorsegel gut zu beobachten. Auch wenn es für den Steuermann ungewohnt ist: Am besten liegt das Boot im Wasser, wenn Vorschoter und Steuermann sich diametral gegenüber sitzen und nicht etwa beide ängstlich in der Mitte kauern. Das außen liegende Gewicht besitzt nämlich ein Trägheitsmoment für Drehbewegungen um die Längs achse des Bootes, so dass ein Geigen vermindert wird. Der Spinnaker wird am besten schon vor dem Auslaufen samt Schoten angeschlagen und am einfachsten in einem Segelsack verstaut. Die beim Regattasegeln üblichen Spinnakertaschen sind unter Umständen praktischer, wenn sie nicht beim Stauen im Vorschiff im Weg sind. Man sollte auf längeren Touren nicht vergessen, den Spinnaker regelmäßig durchzutrocknen, da sich sonst Stockflecken bilden können.

Einhand unterwegs

Gehen wir zunächst einmal vom Standardfall aus, einer mit zwei Personen besetzten Jolle, die ohne weiteres Begleitfahrzeug unterwegs ist. Segeltechnisch gesehen ist er optimal, da die Jolle voll besegelt werden kann, evtl. sogar mit Spinnaker. Rudergänger und Vorschoter können einander ablösen. Bei leichten Winden kann sogar der Vorschoter ein kleines Nickerchen machen. Auch wenn es einer Person einmal nicht besonders gut geht, ist man zu zweit gut beraten. Ich selber wurde einst nach einem Hexenschuss den größten Teil der Strecke liegend zurückgesegelt. Gut, wenn man sich dann voll auf den anderen verlassen kann, was die Beherrschung des Bootes, auch bei frischeren Winden angeht! Eng kann es hingegen beim Übernachten auf dem Boot werden. Die Liegefläche mag ja gerade noch ausreichen, aber wenn dann noch beide Personen abwechselnd in ihren Säcken nach irgendwelchen Ausrüstungsgegenständen fahnden, kann es schon einmal etwas enervierend werden. Aber auch

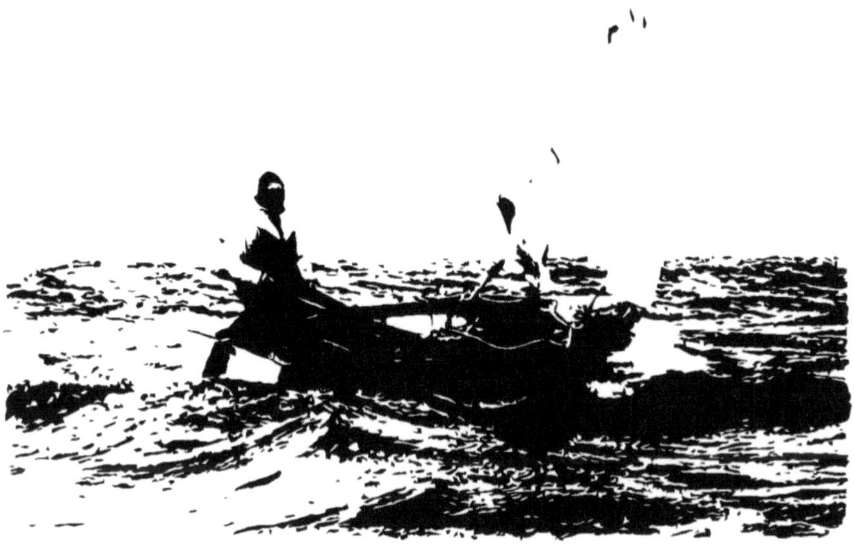

aus anderen Gründen mag man es vorziehen, die Jolle solo zu segeln. Nicht jede Jolle ist dafür gleich gut geeignet. Es gibt eine Reihe von Gesichtspunkten, die beim Einhandsegeln beachtet werden müssen. Ich werde auf diese im Verlauf des Buches immer wieder zurückkommen. Platzmäßig geht es Einhand sehr entspannt zu. Auch segeltechnisch lassen sich die meisten Jollen solo gut beherrschen, wenn die Segelfläche dementsprechend angepasst wird. Das Reffen will geübt sein.

Eine Rollfock ist wünschenswert. Ebenso die Möglichkeit, die Pinne zu belegen. Ich nutze hierfür eine Gummischlaufe, die die Pinne in der Mitte hält, aber nicht völlig starr. Beim Reffen oder Umziehen gehe ich mit weit aufgefierten Segeln auf einen Halbwindkurs, bevor ich die Gummischlaufe mittschiffs über die Pinne lege.

Was man unbedingt bedenken sollte, wenn man einen längeren Einhandtrip vorhat, ist, dass die körperliche Ermüdung ungleich größer ist als zu zweit. Allein über mehrere Stunden das Ruder zu führen, womöglich auf gleichem Kurs, kann zu schmerzhaften Muskelverspannungen führen. Beim besonders anstrengenden Kreuzen sollte man sich daher nicht scheuen, öfter einmal zu wenden, um die Muskelgruppen des Körpers gleichmäßiger zu belasten und Nackenverspannungen vorzubeugen. Generell ist es gut, das Steuern und Ausreiten zwar konzentriert, aber eher spielerisch und entspannt zu tun. Ich selbst versuche mich an die Lehre von Mosche Feldenkrais zu halten, nach der jede Bewegung so leicht wie möglich fallen sollte und beuge so den in der Vergangenheit erlittenen Rückenbeschwerden vor. Auch wenn die Belastungen beim Segeln im ersten Moment geringfügig erscheinen, können sich doch gerade bei Personen mit Problemen im Bewegungsapparat leicht Überlastungen zeigen, die unter Umständen tagelang nachwirken. Auch eine regelmäßig durchgeführte Rückengymnastik hilft, die Belastbarkeit deutlich anzuheben.

Meine persönliche Empfehlung zum Einhandsegeln ist es ferner, sich bei etwas gewagten Passagen einem Kielboot mit gleichem Ziel und etwa gleicher Geschwindigkeit anzuschließen. Hierbei sollte allerdings die klare Absprache getroffen werden, dass die Jolle nicht außer Sicht geraten darf. Trotzdem bleibt jeder allein für seine Sicherheit verantwortlich.

3

Ausrüstung auswählen

Was brauche ich wirklich?

Das Gute beim Jollenwandern ist, dass man eigentlich kaum teure Spezialausrüstung braucht. Manche Dinge sollte man sich zwar unbedingt sofort anschaffen, andere aber sind lediglich „nice to have" und lassen sich im Laufe der Jahre noch gut hinzufügen. Margaret Dye schreibt in ihrem Buch „Dinghy Cruising", dass ein gutes Ausrüstungsstück an Bord mindestens zwei Funktionen erfüllen sollte. Diese Regel kann ich nur unterstützen. Ich habe zum Beispiel einen großen Rollenfender (gut für Spundwände), der gleichzeitig als Auftriebskörper fungiert. Außerdem kann er als Bootsrolle dienen, um das Boot an den Strand zu ziehen. Schlussendlich taugt er noch als eine Art Sitzball, wenn man zeltet. Der Platz an Bord ist begrenzt, so

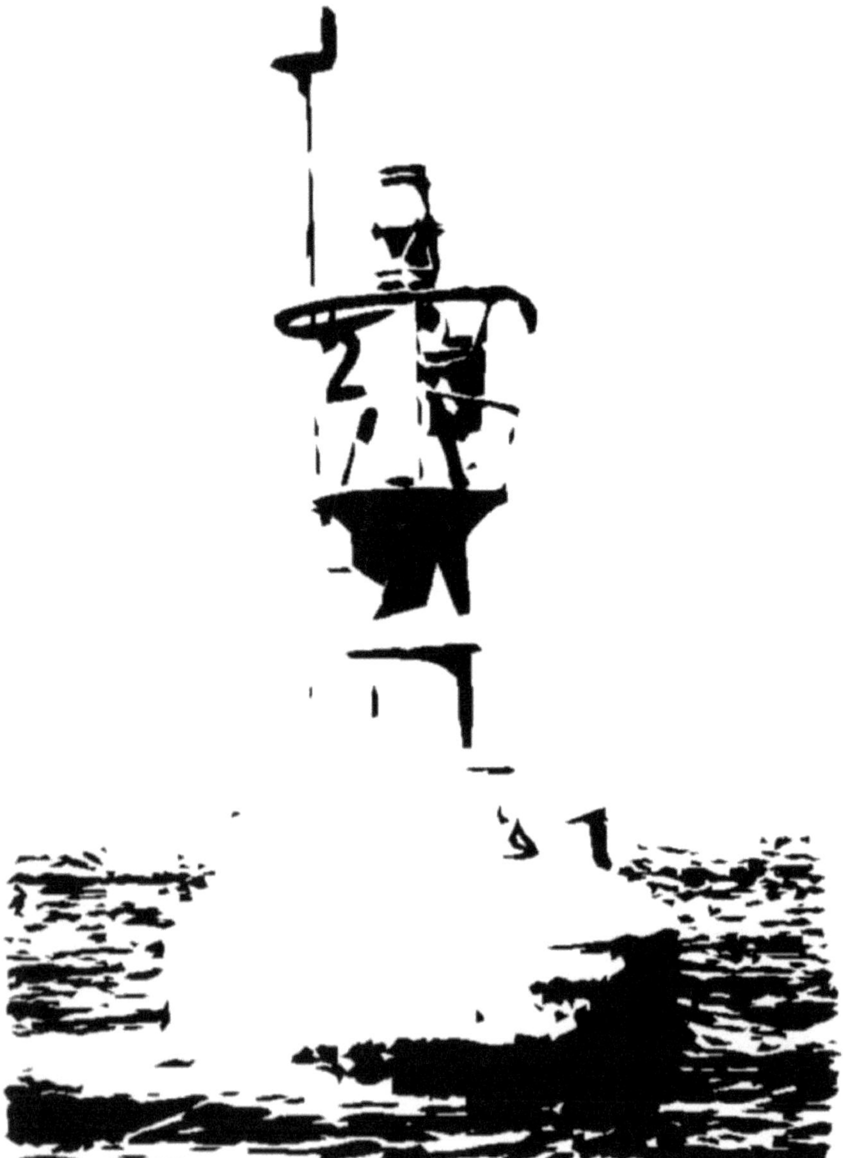

dass es sich lohnt, kreativ nach Kombinationsmöglichkeiten zu suchen.

Grundsätzlich muss man unterscheiden zwischen der Ausrüstung, die zum Boot gehört, und dem übrigen Gepäck. Letzteres setzt sich im Wesentlichen aus Kleidung, Campingutensilien und Proviant zusammen. Zur Bootsausrüstung gehören unbedingt: Paddel, Anker und Persenning. Ein Motor ist verzichtbar. Auf diese Ausrüstungsgegenstände möchte ich hier näher eingehen. Weiteres Zubehör werde ich im Kapitel Sicherheit und Navigation behandeln.

Anker

Der Anker erfüllt die eingangs zitierte Regel wohl am wenigsten. Er ist eben nur zum Ankern da. Weil dieses aber so essentiell ist, darf dafür selbstverständlich von dem Gesetz der Multifunktionalität abgewichen werden (aber wer sagt denn eigentlich, dass man ihn nicht auch als prima Grillrost verwenden kann?). Gebräuchlich auf Jollen sind vor allem Schirmanker und Danfort-Anker. Ein Kettenvorlauf (um das Einrucken zu dämpfen und den Anzugswinkel niedrig zu halten) kann entfallen, wenn die Ankerleine lang genug ist (5 x Wassertiefe). Die Ankerleine sollte möglichst nicht aufschwimmen, also aus Kunstfasermaterial hoher Dichte geflochten sein. Ein Schirmanker (auch Klapp- oder Patentanker genannt) lässt sich handlich verstauen und hält auf praktisch allen Ankergründen gleich gut (bzw. schlecht). Das Problem ist, dass dieser Anker für sicheren Halt unter allen Bedingungen viel Gewicht haben muss. Meine Empfehlung sind ca. 3-6 kg je nach Jolle und Revier. Auch ein Danfort-Anker sollte nicht viel leichter sein. Er hält auf sandigem oder schlammigem Grund noch besser als der Schirmanker, aber ist sicherlich unhandlicher. Für ihn sollte man eine eigens angepasste Halterung haben, in der er während des Segelns fixiert wird. Zum Glück gibt es noch eine bessere Alternative als die beiden ersten Kandidaten. Es handelt sich um einen speziellen Leichtgewichtsanker, der aber sehr zuverlässig ist. Er wird von der US-amerikanischen Firma Fortress hergestellt und deswegen auch oft einfach als Fortress-Anker bezeichnet. Funktionieren tut er so wie ein Danfort-Anker, nur mit größeren Flunken. Der ganze Anker ist aus einer seewasserbeständigen Leichtmetalllegierung hergestellt (und daher nicht ganz billig). Umfangreiche Tests der englischen Marine haben diesem Anker exzellente Eigenschaften bescheinigt. Ich habe mit ihm bisher auch nur gute Erfahrungen gemacht. Er sollte allerdings in Verbindung mit einer gut sinkenden Ankerleine oder einem 1-2 m langem Kettenvorlauf kombiniert werden, um sich gut einzugraben. Obwohl er nur 2 kg wiegt, hält er dann so, als habe man an einem dicken Pfahl festgemacht. Auch das Ausbrechen ist kein Problem. Einzig und allein die Abmessungen sind etwas unhandlich, weswegen man nach einem geeigneten Ruheplätzchen an Bord für dieses Schätzchen suchen muss.

Paddel oder Motor

Eigentlich müsste es „Paddel und Motor" heißen, da man auf erstere nicht verzichten kann. Der Motor könnte ausfallen. Außerdem will man ja schließlich nicht jeden Meter gleich motoren, wenn die Segel unten sind. Trotzdem gefällt mir das „und" ganz und gar nicht, denn dieses impliziert eine gewisse Unverzichtbarkeit der Motorisierung. Die Frage ist aber lediglich, ob zusätzlich zu wind- und muskelbasierten Antriebskräften noch andere Treibstoffe genutzt werden sollen. Im Grunde genommen ist dies nicht nur eine rein praktische Frage, sondern auch eine der zugrunde liegenden Reisephilosophie. Rein praktisch schneidet der Motor gut ab, aber philosophisch gesehen ist er ein Versager. Doch zunächst einmal zum Praktischen. Die für Jollen in Frage kommenden Motoren sind in der Regel Außenbordmotoren, kurz Außenborder. Unterscheiden muss man ferner beim Anwendungszweck zwischen Tidengewässern und stehenden Gewässern. In stehenden Gewässern braucht man definitiv keinen Außenborder. In Tidengewässern kann dieser äußerst nützlich sein. In der Nordsee gibt es beim Auslaufen häufig die Standardsituation, dass einem das auflaufende Wasser zusammen mit dem Wind im Fahrwasser entgegenkommt. Da ist nicht viel drin mit Paddeln, nur ein Schlepp kann einen da durchbringen. Oder eben ein Außenborder. Oder eine andere Planung (aber damit kommen wir schon in den Bereich der Philosophie). Wenn schon ein Außenborder, dann ein kleiner. Nicht über 3 PS und am besten mit eingebautem Tank. Dann fliegt einem nicht auch noch ein Blechkanister nebst Kraftstoffleitung im Cockpit herum. Langschafter machen sich im Seegang besser. Man braucht eine Halterung, mit der man den Außenborder vollständig aus dem Wasser klappen kann und in der er auch möglichst nie durch eine Welle überspült wird. Mit einem Außenborder kann man in der Regel Rumpfgeschwindigkeit erreichen und das bringt einen auch noch gegen ziemlich starke Strömungen vorwärts. Jetzt mal zur Variante ohne Motor. Manche englische Jollen lassen sich mit Riemen und Dollen pullen (im Volksmund auch „Rudern" genannt), was effizienter ist als zu paddeln. Hierzu braucht es eine Ducht („Sitzbank"), die zum Übernachten eher hinderlich ist. Die Regel auf deutschen Wanderjollen sind eher Paddel. Man benötigt zwei Stück, mit einer Länge nicht unter 1½ m. Damit paddelt es sich Kräfte sparender. Außerdem dienen die Paddel zum Loten in flachen Gewässern und erfüllen damit schon mal spielend das Kriterium der vielseitigen Verwendbarkeit. Paddeln liefert ab etwa Windstärke 2 dennoch viel weniger Vortrieb als Segeln. Mit viel Kraftanstrengung kann man sich vielleicht mal gegen Windstärke 5 einige Meter aus einer engen Einfahrt herausarbeiten, aber längere Zeit hält man das auf keinen Fall durch. Berücksichtigen sollte man außerdem, ob man allein oder zu zweit unterwegs ist. Denn mit einem Paddel und Kniesteuerung an der Pinne ist man vielleicht nur halb so schnell wie zu zweit (und doppelt so k.o.). Als Flautenschieber in stehenden Gewässern klappt die Paddelei aber ganz gut. So haben wir bei unseren Piratentouren schon öfter mal die eine oder andere Meile bei Sonnenuntergang und eingeschlafenem Wind zurückgelegt. Hat auch seinen Reiz. Damit wäre auch gleich ein philosophisches Argument kontra Motor gegeben. Nichts ist nerviger, als wenn eine friedliche Abendstimmung von einem stinkenden Krachmacher zerschnitten wird. Ein noch tiefer gehender Einschnitt ist es allerdings, dass das beliebige Umschalten auf Motorantrieb eine Planbarkeit der Etappen nahe legt, die im krassen Widerspruch zur eigentlichen Natur der Jollenwanderung steht. Diese ist ja ihrem Wesen nach von höherer (Wind-)Gewalt abhängig. Meine Philosophie lautet: Es ist eine für den Zivilisationsmenschen heilsame Erfahrung, diese Abhängigkeit von der Natur zu erleben und zu akzeptieren.

Persenning

Die Persenning braucht man, um im Boot übernachten zu können. Will man das nicht, so entfällt sie. Sie muss vom „Zelt"-Typ sein, damit darunter einigermaßen Platz ist. Der Baum wird mit einer Baumschere fixiert und bildet dann den Dachfirst der Persenning. Alternativ kann man auch die Großbaumnock am Fall in die gewünschte Höhe ziehen und mit der dichtgeholten Großschot fixieren. Diese Konstruktion ist aber insgesamt doch etwas fragiler als eine ordentliche Baumschere. Leider konnte ich bisher noch keinen zweiten Anwendungszweck der Baumschere ausmachen. Bei dem Material der Persenning kommen Kunstfaserstoffe oder Planen sowie Segeltuch in Frage. Kunststoffe sind verrottungsfest, leicht und trocknen gut. Lufthutzen sind nötig bei luftundurchlässigen Planen. Eine gute Segeltuchpersenning aus Baumwolle ist ebenfalls vollständig wasserdicht, da der Faden aufquillt und so abdichtet. Obendrein ist sie atmungsaktiv und bei guter Qualität sehr langlebig und besonders widerstandsfähig gegen Sonneneinstrahlung. Allerdings trocknet sie nicht gut und ist - besonders nass - bleischwer. Sie sollte nie lange nass transportiert werden, sonst fängt sie an zu modern. Nicht zuletzt weil sich im Nachlass eines der von mir besessenen Piraten eine wunderschöne blaue, qualitativ hochwertige Baumwollpersenning befunden hat, bevorzuge ich die Naturfaservariante. Steht man vor der Entscheidung, sich eine Persenning anzuschaffen, empfehle ich den Gang zum Segelmacher, um eine individuelle Lösung zu bekommen. Der Raum unter der Persenning kann dann an die Bedürfnisse angepasst werden. Eventuell kann man eine Querausstrebung vorsehen, etwa mit einem oder zwei Paddeln oder mehreren Latten. Es können weiter transparente Fenster und Belüftungsöffnungen nach Belieben angefertigt werden. Das ganze darf natürlich nicht zu unhandlich werden. So kompliziert wie nötig, aber so einfach wie möglich.

Camping & Co.

Die persönliche Ausrüstung wird man zum größten Teil in absolut wasserdichten Kanupacksäcken unterbringen. Größen zwischen 25 und 60 Litern haben sich bewährt (z.B. Ortlieb Outdoor Equipment). Die Sachen sollten nach Einsatzbedingungen zusammengefasst werden und in unterschiedlich farbige Säcke gestaut werden. Ein etwa 10 l großes Kunststoff-Fass mit dichtem Schraubdeckel eignet sich gut für empfindliche Sachen, wie Radio, Fotoapparat oder Sonnenbrille. Das Fass bändselt man am besten irgendwo zugänglich im Vorschiff oder neben dem Schwertkasten an. Kocher, Geschirr und Proviant lagert man gut in rechteckigen Plastikwannen, wie man sie in der Haushaltsabteilung bekommt. Sie sind im Achterschiff gut aufgehoben. Im Falle starker Schräglage darf nichts umkippen. Konservendosen und Flaschen kann man in der Bilge – sofern vorhanden – einlagern. Konserven sollte man mit einem wasserfesten Stift beschriften, da sich im Wasser das Etikett ablöst (und man will ja nicht Linsen zusammen mit Pfirsichen essen). Flaschen kann man zu mehreren in eine zugeknotete Plastiktüte tun, um ein Umherrollen in der Bilge zu vermeiden.

Das Bootsgewicht wird sich durch die gesamte Ausrüstung um 50 bis 100 kg erhöhen und man sollte versuchen, dies bei der Verteilung des Gepäcks zu berücksichtigen. Es ist ungünstig, schwere Sachen im Vorschiff zu verstauen, da das Boot dann in der Welle mehr Wasser übernimmt. Wasserkanister, Zelt und vielleicht auch den einen oder anderen Kleidungssack kann man sehr gut unter dem Seitendeck deponieren, sofern dieser Platz nicht durch Auftriebskörper blockiert wird. Das Gepäck sollte bei Krängung und Seegang nicht „wandern". Zum Beispiel befestigt man stabile Augen von unten an den Decksbalken, an denen man das Gepäck festbändselt. Im Falle einer Kenterung darf kein Gepäck verloren gehen; alles muss durch Lukendeckel, Gummistropps oder Bändsel gesichert sein. Dies gilt auch für die Paddel und den Anker nebst Kette. Beim Verstauen sollte man sich überlegen, welche Sachen man im Laufe das Tages brauchen könnte, also nicht etwa beim Einpacken den Sack mit einem wärmeren Pullover oder dem Ölzeug zuerst unter das Vordeck schieben. Das Verstauen ist eine Wissenschaft für sich, nach einigen Tagen oder mehreren Törns entwickelt man ein praktikables System. In die Packliste, die man sich vor dem Törn gemacht hat, sollte man sich nach dem Törn unbedingt eintragen, welche Dinge gefehlt haben bzw. welche überflüssig gewesen sind, um für das nächste Mal noch besser gerüstet zu sein.

Packliste (einwöchiger Sommertörn)

Anker mit 15 m Leine
Fender, Festmacher
2 Paddel
Persenning
Seekarten
Fernglas
Ölhose
Öljacke
Gummistiefel
Schwimmweste
Segelschuhe
evtl. Sandalen
Fleece-Jacke
dünner Wollpullover
Flanellhemd
T-Shirts
Unterwäsche
Baumwoll-, Wollsocken
kurze und lange Hose(n)
Wollmütze
Sonnenhut
Badehose
Jogginghose
Waschzeug/Kulturbeutel
2 Handtücher
Waschlappen
Klopapier
Sonnencreme
Lippenbalsam (mit UV-Schutz)
Antimückenmittel
Geld, Ausweis, Papiere
Seenotsignale
starkes Tape
Multifunktionswerkzeug
Takelgarn und Nadel
Schrauben, Splinte, Bändsel
Radio m. Freq. f. Seewetterbericht
Taschenlampe
Sturmlaterne
Handy in Aquapack
Kamera in Aquapack
Solarlader und Netzladegerät
Zelt mit Ersatzheringen
Schlafsack
Thermarestmatte
2 Feuerzeuge
Trangia-Kocher m. Spiritus
Geschirr und Besteck
Thermoskanne
Wasserkanister 12 l
Brot, Reis, Spaghetti
Margarine, Marmelade
Dauerwurst, Hartkäse
Bananen, Äpfel
Zwiebeln
Mais, Erbsen, Tomaten in Dosen
Dosenfleisch
Tomatenmark
Zucker, Salz, Pfeffer
Teebeutel
Orangensaft
Schokolade
Bier
Rum

4

Die Reise planen

Keine Reise ohne Planung, aber trotzdem flexibel sein!

Die Tourenplanung beim Jollenwandern stellt dadurch eine besondere Herausforderung dar, dass man die Tagesetappen nicht sicher planen kann. Wind und Wetter können einem schnell einen Strich durch die Rechnung machen. Das Revier und den Ausgangspunkt der Reise festzulegen, gelingt meistens noch. Schwieriger wird es schon mit dem Endpunkt. Der eine oder andere wird zu einem bestimmten Endtermin wieder zu Hause sein müssen. Das bedeutet unter Umständen, dass die Rückreise mit genügend Vorlauf und Pufferzeit geplant werden muss. Beispielsweise kann es sein, dass als Endpunkt der Reise nur ein Ort in Frage kommt, von dem man das Boot wieder zurücktrailern kann. Dafür kommt nur ein Ort mit guter Verkehrsanbindung in Frage. Die Schwierigkeit besteht nun darin, die

Tagesetappen so zu planen, dass man gewissermaßen eine Punktlandung am gewünschten Ort zur gewünschten Zeit hinbekommt. Zwei Dinge sind dafür Voraussetzung: eine Windvorhersage, die möglichst genau und langfristig ist, sowie eine flexible Planung unter Einbeziehung aller Optionen.

Wind vorher sagen

Eine vernünftige Etappenplanung lässt sich nur durchführen, wenn man mindestens einmal täglich einen Wetterbericht einholt. Hierfür kommen Radio, Telefon, Internet und Aushänge in Häfen in Frage. Man verlasse sich nie allein auf die mündliche Überlieferung des Stegnachbarn – auf diese Weise habe ich schon die abenteuerlichsten Vorhersagen erhalten, die enorm von den tatsächlichen Bedingungen abwichen. Weiß der Geier, welche Sender da gehört worden sind und zu welcher Zeit. Mit dem amtlichen Seewetterbericht habe ich allerdings nur gute Erfahrungen gemacht. Die Angaben wichen nie wesentlich von den tatsächlichen Bedingungen ab (selbstverständlich nur fürs entsprechende Vorhersagegebiet und den angegebenen Zeitraum). Man muss allerdings auch genau hinhören, insbesondere auf solche Ausdrücke wie „zunächst noch“, „später“ oder „zunehmend“. So wenig exakt solche Vorhersagen über die zeitliche Entwicklung auch erscheinen mögen: Wenn man sie auf den Vorhersagezeitraum anwendet, kann man ziemlich sicher sein, dass sie nicht falsch sind. Manche Wendungen muss man selbst deuten: Wird die Richtung mit „umlaufend“ angegeben, in Verbindung mit Windstärken, die nicht über zwei hinausgehen, richte ich mich eher auf einen Flautentag ein, bei dem die Segel die meiste Zeit back stehen. Empfehlenswert ist es, die abgehörte Vorhersage gleich mitzuschreiben, sonst kommt es leicht zu Informationsverlusten.

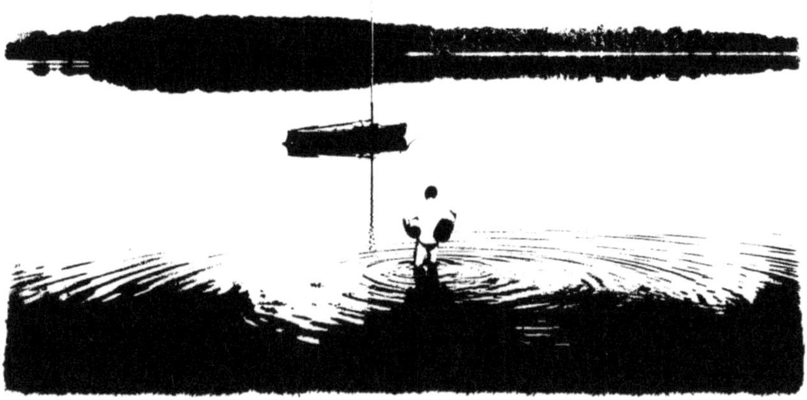

Spätestens wenn es zu Dialogen kommt wie: „Waren die sechs nicht erst für morgen angesagt?“ „Nee, aber nich’ für unser Gebiet“ „Ich dachte, das is’ nur, wenn ’ne Gewitterböe durchzieht“, ist man froh, wenn man einen Zettel mit dem genauen Wortlaut herausziehen kann.

Flexibilität

Der Forderung nach Flexibilität wird man am ehesten gerecht, wenn vor der Reise verschiedene Optionen für den Tourverlauf aufgestellt werden. Diese werden während der Reise ständig überprüft und weiterentwickelt. Dies klingt vielleicht theoretisch, ist aber in der Praxis für erfahrene Segler selbstverständlich. Für weniger Erfahrene soll hier der folgende Beispielmonolog dienen, etwa nach dem Motto: „Morgen soll es fünf aus Westen geben, da ist der Schlag übers offene Wasser zu gefährlich.

Wir sollten heute schon den Bogen nach X schlagen, um morgen im Landschutz Y anzulaufen. Von dort aus können wir Ziel Z auch erreichen, wenn der Wind so stark bleibt, wie für die nächsten drei Tage angesagt.“ Das Beispiel macht deutlich, wie eng verzahnt der Tourenverlauf mit der Windvorhersage ist, um zu jedem Zeitpunkt die Sicherheit zu gewährleisten. Hierbei wird bereits deutlich, dass es auch um die Bewertung von Risiken geht. Da diese naturgemäß von verschiedenen Individuen unterschiedlich bewertet werden, liegt in diesem Punkt erhebliches Konfliktpotential. Ich will diesen Punkt im Kapitel „Sicherheit“ wieder aufgreifen, wenn auf die Schiffsführung eingegangen wird. Auf die Möglichkeiten zur Konfliktbewältigung gehe ich im Kapitel „Etwas Psychologie“ etwas näher ein.

Wie schnell ist mein Boot?

Was fehlt uns nun noch zur erfolgreichen Planung einer Tagesetappe? Nun, der Autofahrer würde sagen, ein Routenplaner und die durchschnittliche Reisegeschwindigkeit. Diese wird ja in der Seefahrt üblicherweise in „Knoten“ (kn) angegeben, das sind Seemeilen (sm) pro Stunde. Eine Seemeile sind bekanntlich 1852 m. Auf den Routenplaner kommen wir im Kapitel „Navigation“ zu sprechen. Mit der Reisegeschwindigkeit ist es auf der Jolle so eine Sache. Verfügt man über genügend Erfahrung, so kann man diese für sein Boot und die zu erwartenden Bedingungen gut einschätzen. Solche Erfahrungswerte sind nicht auf die Nachkommastelle genau. Es geht dabei auch nicht darum, die von routinierten Regattaseglern optimal erreichbaren Geschwindigkeiten zugrunde zu legen, sondern sein Boot und die eigenen Fähigkeiten möglichst realistisch einzuschätzen. Je gründlicher man in der Vergangenheit ein Logbuch geführt hat, umso fundierter sind solche Schätzungen (und das ist für mich der hauptsächliche

Sinn eines Logbuches). Ich habe versucht, meine Erfahrungen in den folgenden beiden Faustfomeln zusammenzufassen:

Bootsgeschwindigkeit (kn) = Windstärke (Bft) × (1,2 bis 1,5)

Soweit die erste Faustformel, die bis etwa Windstärke 4 und bei geringer Wellenhöhe (< 0,5 m) gilt. Die Unterschiede zwischen den einzelnen Kursen (am Wind bis achterlich) sind in dem angegebenen Korrekturfaktor schon enthalten. Für verschiedene Jollenklassen variieren die Faktoren zwar etwas, doch nicht gravierend, denn die Geschwindigkeitsunterschiede in den in Frage kommenden Jollenklassen sind relativ gering und spielen bei der Planung der Tagesetappen eine untergeordnete Rolle. Auch die Unterschiede durch eine mehr oder weniger gute Segeltechnik – so bedeutsam sie auf Regatten sein mögen – machen nicht mehr als wenige Prozent aus. Ein Beispiel: Bei vier Windstärken kann man mit Geschwindigkeiten von knapp fünf Knoten (am Wind) bis sechs Knoten (raumschots) rechnen. Und zu den Unterschieden zwischen verschiedenen Jollenklassen: Ein nagelneuer Schwertzugvogel aus GFK braucht etwa 7% weniger Zeit für die gleiche Strecke wie ein alter Holzpirat (basierend auf den so genannten „Yardstick"-Faktoren für diese Boote).

Faustformel Nr. 2 bezieht sich auf die effektive Geschwindigkeit, die man beim Kreuzen gegen den Wind erzielt. Der Wendewinkel beträgt für die meisten Fahrtenjollen etwa 45°. Damit beträgt nach dem Satz des Pythagoras die gegen den Wind zurückgelegte Strecke nur 71% der tatsächlich gefahrenen Meilen. Hinzu kommt die Abdrift, so dass man in etwa so rechnen kann:

Eff. Geschwindigkeit Kreuzkurs = Bootsgeschwindigkeit × 0,6

In unserem Beispiel kommt die Jolle bei Windstärke vier nur mit weniger als drei Knoten gegen den Wind voran. Mit diesen beiden

Faustformeln lässt sich bei gegebener Strecke und der vorhergesagten Windstärke die ungefähre Segelzeit abschätzen.

Nicht anwendbar sind diese Richtwerte bei stärkerem Wind und höherer Welle, wo man auf Kreuzkurs deutlich geringere Geschwindigkeiten erzielt, so dass nur wenig Strecke zu machen ist. Kommt eine starke Gegenströmung hinzu, etwa in Tidengewässern, so legt man durch Kreuzen kaum Weg über Grund nach Luv zurück, oder vertreibt sogar noch. Windstärken über 5 oder eine Wellenhöhe von mehr als 1 m sollten beim Jollenwandern ohnehin aus Sicherheitsgründen gemieden werden.

Bei Vorhersage schwacher Winde sollte man von Stillstandszeiten in Flaute oder längeren Paddelintervallen ausgehen. Mehr als 2 kn kann man längere Zeit paddelnd aber nicht aufrechterhalten.

5

Den Weg finden

Karte und Kompass sind unverzichtbar, auch wenn beim Jollenwandern überwiegend nach Sicht navigiert wird.

Die Navigation beim Jollenwandern ist in der Regel rudimentär. Sie ist nicht mit dem zu vergleichen, was man auf einem Langstreckentörn mit einer Yacht beherrschen muss. Worauf kommt es auf einer Jolle an? Selbstverständlich muss man die Ausweichregeln kennen. Die Bedeutung von Seezeichen ebenfalls. Unentbehrlich ist eine detaillierte Seekarte, die genaue Tiefenangaben enthält. Der Kompass ist unverzichtbar, um einen bestimmten Punkt anzusteuern, etwa den Anfang eines Fahrwassers oder einen Anlegesteg, der nicht in Sichtweite liegt. Dafür ist auch ein Fernglas nützlich.

Karten

Neben den üblichen Sportbootkarten gibt es auch Karten für Paddler, z.B. vom Ernst-Jübermann-Verlag, die sehr empfehlenswert sind. Die Paddlerkarten enthalten Informationen über Anlege- und Zeltmöglichkeiten, die auf einer Sportbootkarte nicht zu finden sind. Außerdem ist die Uferbeschaffenheit (Sand, Steine, Schilf, usw.) verzeichnet. Allerdings sind die Tiefenangaben auf den Paddlerkarten etwas ungenauer. Ich bin auf vielen Törns recht gut mit einer Kombination aus beiden Karten gefahren. Oft wird man allein nach Sicht fahren, d.h. man orientiert sich an dem Abstand zur Küste, markanten Punkten oder der Fahrwasserbezeichnung. Allerdings reicht das allein nicht immer aus. Mit Kompass und Seekarte sollte man insofern umgehen können, als dass man einen Kurs bestimmt, der einen zum nächsten Orientierungspunkt führt. Das Steuern nach Kompass verlangt Konzentration und etwas Übung. Die Abdrift muss je nach Kurs zum Wind ebenfalls mit einbezogen werden. Strömungen sind unbedingt zu berücksichtigen; das macht die Segelei in Tidengewässern komplizierter. Aber auch auf der Ostsee kann es zu starken Strömungen kommen, wenn z.B. der Wind eine Wassermasse durch eine enge Stelle hindurchdrückt. Und irgendwo hier stellt sich spätestens die Frage: Braucht man ein GPS?

GPS ja oder nein?

Der Leser, der den Diskurs über eine Motorisierung der Jolle gelesen hat, ahnt an dieser Stelle sicherlich schon, wie die Frage nach der Notwendigkeit eines GPS von mir beantwortet wird: „Nein, aber es kann nützlich sein." Wie auch in der Motorfrage gibt es eine Reihe von praktischen Gesichtspunkten, die für ein GPS sprechen: Die genaue Positionsbestimmung ermöglicht es, exakt auf der Seekarte zu verfolgen, wo man ist. Auch die Geschwindigkeit des Bootes über Grund, inklusive Abdrift und Strömung wird angezeigt. Dies ermöglicht bei konstantem Wind präzise Vorhersagen, wann man wo ankommt. Dennoch, das wesentliche Argument gegen das GPS ist wieder ein eher philosophisches: Die Entscheidung über den Kurs fällt rein intellektuell durch das Ablesen einer Digitalanzeige. Segeln allerdings ist ein ganzheitlicher Sport, bei dem die Sinne und der Intellekt angesprochen werden. Die Sinneswahrnehmungen, ja das Gefühl für Boot und Wind, sind die wichtigsten Instrumente beim Segeln. Sie sagen einem, ob man die maximale Höhe läuft, wie schnell das Boot ist, ob man viel oder wenig Abdrift hat, wie die Strömung ist, wo der Wind am besten weht, ob man zuviel oder zuwenig Segel trägt und... und... und. Nicht ohne Grund sind z.B. auf dem Piraten bei Regatten elektronische Hilfsmittel außer zur Zeitmessung verboten. Das eigene Gespür des Seglers soll geschult werden. All diese Wahrnehmungen werden vom Intellekt bewertet und führen dann zu einer Entscheidung: Zum Beispiel genau jetzt zu wenden Wie gut dieses Zusammenspiel von Sinnen und Intellekt funktionieren kann, lässt sich auf jeder Ranglistenregatta überprüfen. Die Besten lassen den Durchschnitt weit hinter sich, weil sie diese Fähigkeiten bis zur Perfektion trainiert haben. Nun soll uns aber der Regattasport nicht insofern verderben, als dass wir nur kleingeistig auf die Geschwindigkeit schielen. Beim Jollenwandern stehen Entspannung und Spaß im Vordergrund. Trotzdem hilft das Regattasegeln, ein Gefühl für das Boot zu entwickeln und zu spüren, „ob alles stimmt". Soweit dieser kleine Exkurs zu der Frage, ob GPS oder nicht. Wenn ich mir schon ein GPS aussuchen müsste, dann eines mit einfacher Bedienbarkeit, niedrigem Stromverbrauch und schnellem Ansprechen nach Einschalten. Ich möchte mich beim Jollenwandern lieber auf mein Gespür und meinen Intellekt verlassen als auf eine kleine Digitalanzeige.

Steuern nach dem Kompass

Zurück also zu Seekarte und Kompass. Man kann sich vor dem Auslaufen die Mühe machen, mit dem Kursdreieck einen Kompasskurs festzulegen. In der Praxis hat es sich auf meinen Jollentouren aber bewährt, diesen durch Blick auf die Karte zu lediglich zu schätzen. Die 0°, 90°, 180° und 270° Linien bilden das grobe Raster, die jeweiligen Winkelhalbierenden ± 45° das feinere. Da man relativ gut schätzen kann, wie sich Winkel in Relation zum Winkel von 45° verhalten, kann man den zu steuernden Kurs meistens genau genug angeben. Für die Abdrift durch den Wind rechnet man, je nach Kurs, eine kleine Korrektur von bis zu 10° ein. Da man sowieso nicht genauer als etwa ± 10° steuern kann, reichen solche Abschätzungen in der Praxis und ohne stärkere Strömungen aus.

Etwas schwieriger wird es, wenn man kreuzen muss. Wenn man dann eine längere Strecke nicht nach Sicht navigieren kann, kommt man vielleicht nicht darum herum, seinen Kurs auf der Seekarte abzutragen. Der Einfachheit halber läuft man immer eine feste Zeit auf einem Bug, bevor man wendet und dieselbe Zeit auf dem anderen Bug läuft. Dann kann man davon ausgehen, dass man sich genau gegen die Windrichtung fortbewegt, welche durch das arithmetische Mittel aus Backbordbug- und Steuerbordbugkurs gegeben ist. Praktischerweise spielen in diesem Fall Abdrift und Wendewinkel keine Rolle. In der Regel sind aber Seezeichen und Landmarken genügend vorhanden, so dass, wenn überhaupt, nur dann und wann nach dem Kompass navigiert werden muss. Eine solche Ausnahme stellt z.B. Nebel dar, der besonders im Frühherbst auftritt und auf See überraschend hartnäckig sein kann.

Ein Hilfsmittel, was nützlich aber nicht unbedingt erforderlich ist, ist ein Fernglas. Dieses sollte wasserdicht und robust sein und keine zu starke Vergrößerung haben. Ein Feature, das oft mit eingebaut ist, ist ein Peilkompass. Dieser funktioniert auf dem Land auch ganz prächtig, wenn man zum Beispiel dem Nachbarn beim Blumengießen zuschaut. Sobald man allerdings auf dem Wasser ist, fängt das Ding bei den preisgünstigeren Gläsern an zu pendeln, dass einem die Augen tränen. Eine genaue Peilung zu nehmen ist schier unmöglich. Da man wahrscheinlich nicht gerade mit einem „Steiner“ (dem Rolls-Royce unter den Wassersportgläsern) auf eine Jollentour geht, betrachte ich dieses Feature eher als Gimmick. Die Positionsbestimmung mit dem Peilkompass setzt voraus, dass man eine Peilung zu mindestens zwei bekannten Marken nimmt. Deren Sichtlinien trägt man mithilfe des Kursdreiecks in die Seekarte ein und erhält aus dem Schnittpunkt die eigene Position. Insgesamt ein Verfahren, was für Jollen in der Praxis etwas umständlich ist. Schließlich hat man keinen Kartentisch und die Karte befindet sich gegen Spritzwasser geschützt in einer Folientasche oder ist besser noch in Folie eingeschweißt.

Untiefen

Welche Empfehlungen können zu diesem Thema für die Navigation auf Jollen gegeben werden? Mit einer Jolle muss man sich nicht unbedingt ans Fahrwasser der großen Yachten halten, wenn daneben die Wassertiefe noch ausreicht. Das macht schließlich auch den Reiz aus, denn „auf dem Tonnenstrich ist der Mob unterwegs“, mit Motor versteht sich. In Tidengewässern, insbesondere dem Wattenmeer, ist die Wassertiefe meistens nur abzuschätzen (siehe dazu den Abschnitt über Gezeiten). Die Bodenbeschaffenheit ist in Seekarten verzeichnet. Sind Steine eingezeichnet, sollte man ein Aufbrummen unbedingt vermeiden. Unkritisch sind meistens Sand- oder Schlammboden. Fährt man nicht gerade an der Kreuz, kann man Schwert und eventuell Ruder prophylaktisch etwas anlupfen. Auf diese Weise lassen sich auch Stellen durchsegeln, die flacher als ein Meter sind.

Ein Echolot ist auf Jollen völlig überzogen. Dann schon lieber ein GPS, das liefert mehr Informationen als das Echolot. Und die Tiefe lässt sich dann auf der Seekarte ablesen. Die Wassertiefe unterhalb etwa 1,5 m lässt sich übrigens gut ermitteln, indem man ein langes Paddel ins Wasser sticht. Flache Stellen erkennt man oft auch an der heller werdenden Färbung des Wassers.

Gezeiten

Gezeiten spielen auf der Ostsee eine vernachlässigbare, auf der Nordsee die zentrale Rolle. Die Anziehungskraft und die Bahnbewegung des Mondes bewirkt, dass sich der Wasserstand zweimal innerhalb von 24 Stunden hebt und senkt. Die Periode vom Hochwasser bis zum Niedrigwasser beträgt folglich etwa sechs Stunden. Das genaue Eintreffen des Hochwassers lässt sich in Tidenkalendern ablesen. Die Seekarten geben die Tiefen für Niedrigwasser aus.

Eine Tiefenangabe mit einer unterstrichenen Zahl (z.B. $\underline{3}_2$) bedeutet, dass das betreffende Gebiet bei Niedrigwasser aus dem Wasser ragt. Der Tidenhub gibt an, um wie viel sich der Wasserstand von Niedrig- zu Hochwasser ändert. Will man nun die Wassertiefe zu einem gewissen Zeitpunkt innerhalb des Gezeitenzyklus bestimmen, so bedient man sich der Zwölferregel: Sie besagt, dass sich der Wasserstand folgendermaßen ändert:

Um 1/12 innerhalb der ersten Stunde nach Niedrigwasser,
2/12 innerhalb der zweiten Stunde nach Niedrigwasser,
3/12 innerhalb der dritten Stunde nach Niedrigwasser,
3/12 innerhalb der dritten Stunde vor Hochwasser,

2/12 innerhalb der zweiten Stunde vor Hochwasser
und 1/12 innerhalb der ersten Stunde vor Hochwasser.

Genauso verhält es sich mit den sechs Stunden nach Hochwasser. Diese Regel ist leicht zu merken. Sie ist eine gute Annäherung für die Sinuskurve, die vom Wasserstand im Laufe der Zeit beschrieben wird.

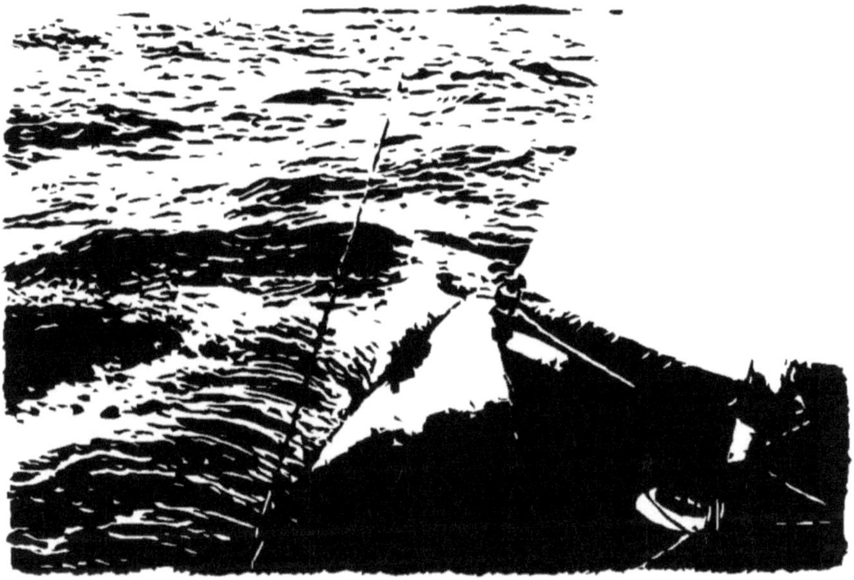

Ein Beispiel zur Illustration: Der Tidenhub betrage 3,6 m. Wie groß ist die Wassertiefe eine Stunde vor Hochwasser, wenn auf der Seekarte $\underline{2}_0$ vermerkt ist? Die Zwölferregel besagt, dass zu dieser Zeit bereits 11/12 des Wassers aufgelaufen sind, also noch 1/12 = 0,3 m fehlen. Somit beträgt die Wassertiefe $\underline{2}_0$ + (3,6 - 0,3) = 3,3 - 2,0 = 1,3 Meter (die unterstrichenen Zahlen werden immer negativ für die Wassertiefe gerechnet). Kein Problem also für eine Jolle!

Gezeiten haben den zusätzlichen Effekt, dass es zu Strömungen kommt. Die Stärke der Strömung folgt ebenfalls der Zwölferregel. Dies ist unmittelbar einsichtig, da die Wassermenge direkt abhängig von ihrer Geschwindigkeit ist. Der Maximalwert der Strömung hängt aber ganz entscheidend von der Wassertiefe und sonstigen Gegebenheiten ab. In einer Rinne (Gatt, Priel) konzentriert sich das Wasser aus umliegenden Regionen und fließt schneller. Hingegen wird eine Strömung in flachem Wasser durch Reibung am Boden gebremst. Deswegen ist es bei Gegenstrom günstiger, dicht unter Land zu bleiben, wo das Wasser flach ist, während man bei Strömung von achtern um so mehr geschoben wird, je tiefer das Wasser ist.

In Tidengewässern kann die Strömungsgeschwindigkeit leicht ein paar Knoten betragen und so die Bootsgeschwindigkeit überschreiten. Daher ist eine besonders vorausschauende Planung erforderlich, die das Erreichen des Ziels sicherstellt. Andernfalls kann es passieren, dass einen die Strömung immer weiter auf das offene Wasser hinaustreibt oder dass es dunkel wird, ehe man den Hafen erreicht – oder beides gleichzeitig. Wer eine Jollenwanderung in Tidengewässern plant sollte sich mit diesem Thema genauer auseinandersetzen und zum Beispiel einen Strömungsatlas hinzuziehen. Man kann sich auch beim Segeln in Tidengewässern auf etwa zwei Stunden vor und nach Hochwasser beschränken. Dann muss man sich mit dem Thema Strömung und Tiefgang nur bedingt auseinandersetzen.

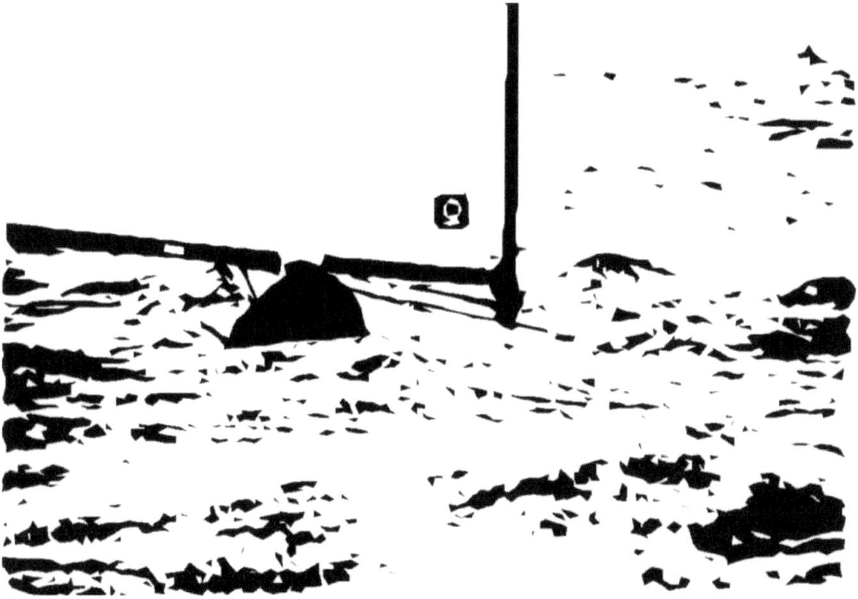

6

Übernachten

Eine Persenning ist besser als gar kein Dach über dem Kopf

Dem Übernachten ein eigenes Kapitel zu widmen, macht durchaus Sinn. Als Jollensegler hat man es da schwerer als der durchschnittliche Yachtsegler, der sich einfach irgendwann in seine Koje verzieht. Um ehrlich zu sein, bereitet einem bei einer Jollenwanderung das Übernachten am meisten Kopfzerbrechen. Dabei gibt es mit der Jolle im Grunde genommen drei Möglichkeiten sein Haupt zu betten: im Boot, im Zelt oder im Hotel.

Im Boot

Dazu braucht man eine gute Zeltpersenning, die über den Großbaum gezogen wird. Der Großbaum wird mit dem Großfall oder einer Baumstütze oben gehalten. Verschiedene Jollen unterscheiden sich natürlich in Bezug auf die zur Verfügung stehende Liegefläche. Auch kleinere Jollen, wie etwa der Pirat, bieten durchaus zwei großen Personen Platz; aber die Bewegungsfreiheit zu den Seiten hin ist meistens arg eingeschränkt. Ein vorhandener Reitbalken sollte zur Nacht entfernt werden, da man sich unter diesem liegend nicht umdrehen kann. Außerdem bildet er eine Art „Keuschheitsgürtel", was ebenso unerwünscht sein kann.

Holzboote bieten im Vergleich zu GFK-Booten mit Doppelwandungen mehr Platz, der aber an den Seiten oft durch Kenterschläuche wieder verloren geht. Die Ixylon-Jolle wird wegen ihres freien Mittelschiffs gerühmt, welches durch die beiden Seitenschwerter entsteht. Die so entstandene Liegewiese hat aber nicht gerade „Kingsize-Format". Liegt man im Schwell, kann die Nacht zum Alptraum werden, da die Jolle an den Festmachern ruckt, das Schwert klappert und das Wasser gegen die Bordwand klatscht. Unter der Persenning kann man meist nur liegen und nicht sitzen, es sei denn, man hat sich eine Spezialanfertigung schneidern lassen. Die Jolle muss übrigens nicht unbedingt im Hafen festgemacht sein, um in ihr zu übernachten. Genauso kann man bei ruhigem Wetter vor Anker liegen. Oder man hat das Boot auf den Strand gezogen. Ist kein Regen zu erwarten, sollte man auf die Persenning verzichten. Eine Nacht in der Jolle unter klarem Sternenhimmel ist ein Erlebnis.

Im Zelt

Das ist sicherlich die komfortablere Möglichkeit. Das Problem ist nur, dass man in den wenigsten Häfen ein Zelt aufstellen darf. Kleine Anglerhäfen eignen sich dafür gut, leider besitzen diese häufig keine sanitären Anlagen. Hier geben die Kanuwanderkarten Auskunft. Man kann den Spieß auch umdrehen und auf einem Campingplatz übernachten. Dann stellt sich die Frage nach dem Liegeplatz fürs Boot, da ein Campingplatz meistens nicht in der Nähe eines Hafens ist. Das Boot auf das Ufer zu ziehen, ist meistens zu riskant wegen Steinen. Auf der Ostsee habe ich gute Erfahrungen damit gemacht, direkt vor Campingplätzen zu ankern. Es liegen dort oft auch Angelboote an Bojen und man gesellt sich einfach dazu (mit genügend Freiraum). Geeignet sind hierfür langsam ansteigende Ufer, mit ausgedehnter Flachwasserzone unter 1 m Wassertiefe. Reicht das tiefe Wasser hingegen nah ans Ufer heran, entwickelt sich bei auflandigem Wind Brandung; bei ablandigem Wind muss man schwimmend zum Boot – beides nicht besonders erstrebenswert. Der Anker sollte auf einer Wassertiefe von 0,5 m bis 1 m liegen. Schwert und Ruder sind aufgeholt. So stellt man sicher, dass bei fallendem Wasserstand das Boot nicht aufsetzt und man andererseits bei steigendem Pegel sein Boot noch gut erreicht (in Tidengewässern ist ein Trockenfallen natürlich nicht zu vermeiden). Das Gepäck wird „ausgeschwommen“, das heißt man trägt die Säcke und Wannen an Land oder zieht sie durchs Wasser. Hierfür sollte man sich wasserfeste Sandalen oder schnell trocknende Schuhe (z.B. Aquasocks) anziehen, da man sich barfuss die Füße verletzen kann und außerdem sehr leicht das Gleichgewicht verliert. Mit etwas Übung ist das ganze Unternehmen nicht allzu mühsam und außerdem recht spaßig.

Im Hotel

Hierfür hat nicht jeder Jollensegler das nötige Kleingeld. Es ist aber durchaus eine Überlegung wert, in einer schönen Stadt wie Stralsund oder Flensburg anzulegen und sich dann ein schönes Quartier in Hafennähe zu suchen. Selbst in der Hochsaison sind dort oft noch Zimmer frei, nur am Wochenende sollte man sich vorher telefonisch beim Fremdenverkehrsamt erkundigen. Von Bord nimmt man nur einen Sack mit dem Nötigsten und den Wertsachen mit. Bedenken sollte man allerdings, dass im Anschluss an einen Aufenthalt im Hotel oder einer Ferienwohnung das karge Bordleben mitunter wieder etwas gewöhnungsbedürftig ist.

7

Etwas Psychologie

Wie man sich mental auf die Reise einstellt

Zunächst sollte man sich über eines klar werden: Will ich ein Maximum an persönlicher Freiheit, in der ich mich vor allem selbst erfahre und meine Grenzen auslote - oder geht es mir vornehmlich um ein Gruppenerlebnis, bei dem ich eventuell Freundschaften schließen oder vertiefen kann? Beides hat seinen Reiz. Im ersten Fall wird man Einhand auf Tour gehen, im zweiten Fall mindestens zu zweit. Das Gruppenerlebnis wird noch intensiver, wenn man mit mehreren Booten unterwegs ist. Eine Gruppe wandernder Jollen auf dem Wasser zu sehen, ist ein ungemein anziehendes Bild, egal ob von außen betrachtet oder als Teil dieser Gruppe. Auf dem Wasser fühlt man sich wie auf einer kleinen Spaßregatta und an Land herrscht oft eine Stimmung wie bei einer Spontanfete. Einziger Wermutstropfen:

Jollenwanderer sind meistens ziemliche Individualisten und nur schwer unter einen Hut zu kriegen.

Einhand auf einer Jolle zu segeln führt einen schnell an die Grenze der eigenen Belastbarkeit. Hier ist es wichtig, Ruhepausen einzulegen, in denen man sich regenerieren kann. Auf dem Wasser kann man dies tun, indem man ankert; dann kann man zum Beispiel eine Runde ums Boot schwimmen und sich danach noch etwas ausruhen. Oder man liegt nur kurz bei, um etwas zu essen und zu trinken. Gerade allein ist es wichtig, das Erlebte festzuhalten und sich anschließend darüber auszutauschen, damit man von den Eindrücken zehren kann. Dazu können Fotos und kleine kommentierte Filmsequenzen mit der Digitalkamera dienen oder ein Tagebuch, welches das Logbuch ergänzt. Oft wird man beim Segeln vor Entscheidungen stehen, die einem auf sich allein gestellt nicht leicht fallen. Soll ich es so oder anders machen? Was spricht dafür und was dagegen? Oder man wird plötzlich durch etwas erschreckt, wie eine Windböe oder Grundberührung. Ich habe mir angewöhnt, in solchen Fällen laut mit mir selbst zu sprechen, um mir Luft zu machen. Oder das Für und Wider einer Entscheidung abzuwägen. Diese Monologe nehmen ein Stück weit die hohe innere Anspannung in schwierigen Situationen. Auch äußerlich neigt man oft dazu zu verkrampfen. Mir hilft es, Elemente des Feldenkrais-Trainings anzuwenden. Bei diesem führt man jede Bewegung so bewusst und entspannt wie möglich aus. In Momenten, in denen man Trost und Zuspruch braucht, oder in denen man seine Begeisterung unbedingt jemandem mitteilen muss, kann das Handy helfen.

Segelt man nicht allein, werden die Belastungen auf mehrere Schultern verteilt. Der Fall, dass nur ein Boot mit einer Zwei-Personen Crew unterwegs ist, stellt keine besonders hohen Ansprüche an die Planung, da sich lediglich zwei Personen miteinander abstimmen müssen. Auf einem Boot besteht die Chance, sich intensiv auszutauschen. Solch ein Törn ist insgesamt entspannter als allein, weil man sich ablösen kann und schwierige Entscheidungen nicht allein treffen muss. Stundenlang lässt sich in einer Flaute über Gott und die Welt klönen. Jeder mag auch beim Segeln seinen eigenen Gedanken nachhängen und sie im geeigneten Moment dem Anderen offenbaren. Ich habe wirklich schöne Gespräche auf der Jolle geführt, mit viel Ruhe und Zeit, wie man sie im Alltag meistens nicht hat. Selbstverständlich sollte man einigermaßen auf der gleichen Wellenlänge funken. Wenn man sich schon vor der Fahrt gut kennt, fällt es umso leichter, sich aufeinander einzustellen.

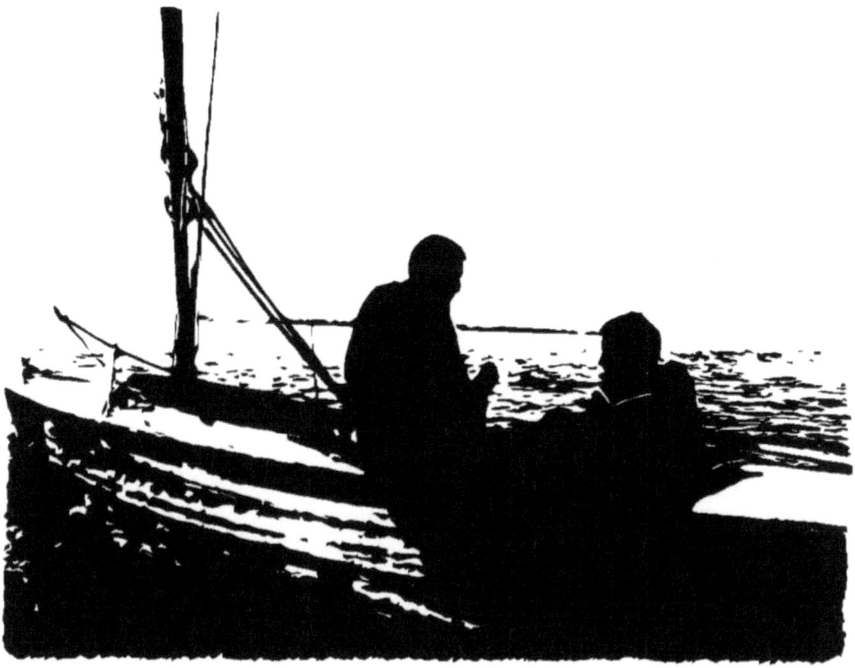

Erwartungen und Absprachen

Segelt man nicht gerade Einhand, so ist eine Abstimmung der Crew untereinander bzw. eine Abstimmung von mehreren Crews auf verschiedenen Booten erforderlich. Ohne klare Absprachen kann es leicht zu Missverständnissen und Verstimmungen kommen. Vor dem Beginn der Tour sollte man sich über die Erwartungen hinsichtlich Zeitdauer des Törns, möglicher Ziele, Schwerpunkte, Übernachtungswünsche und den ungefähren Umfang der Tagesetappen klar werden. Am besten ist es, so konkrete Absprachen wie möglich zu treffen und diese im Konfliktfall während des Tourverlaufs einzufordern. Leider sind unterschiedliche Erwartungen nicht immer schon vor dem Törn klar erkennbar. Dann sind Konflikte vorprogrammiert. Die Anforderungen an die Kompromissfähigkeit eines jeden Einzelnen sind aber generell hoch. Jeder wird Abstriche von seinen Erwartungen hinnehmen müssen, soll die Tour gelingen. Über die Frage, ob die zu bringenden Opfer gleich verteilt sind, sollte man offen reden.

Auf dem Wasser ist bei mehreren Booten eine gewisse Abstimmung nötig. Wenn das schnellere Boot soweit vorauseilt, dass dessen genauer Kurs nicht mehr verfolgt werden kann, setzt leicht Frustration auf dem langsamen Boot ein. Einerseits ist es das Gefühl „nicht mithalten zu können“, andererseits kann sich die Mannschaft in einem unbekannten Gewässer allein gelassen fühlen. Hier sollte entweder das schnellere Boot von Zeit zu Zeit warten oder über Handy Kontakt aufnehmen. Wichtig ist es, sich in die Lage der anderen Crew zu versetzten, sich deren Kenntnisstand zu vergegenwärtigen und deren Situation zu bewerten.

Entscheidungen und Kompromisse

Die Gruppendynamik mit mehr als zwei Personen ist ein komplexes Phänomen. Es treten immer wieder Missstimmungen auf, die ihre Ursachen letztendlich in unterschiedlichen Erwartungen und Wünschen haben. Findet sich für ein bestimmtes Verhalten eine Mehrheit, kann es zur Ausgrenzung von Einzelnen kommen. Diese Ausgrenzung ist meistens unbewusst und wird oft nur rein subjektiv von dem Betroffenen erlebt. Dies kann für einige in der Gruppe den Genusswert einer Reise stark schmälern. Hier ist es wichtig, solche Probleme zu artikulieren, entweder von den Betroffenen selber oder von Gruppenmitgliedern, die dies als Problem erkannt haben.

Je größer die Gruppe insgesamt ist, umso weniger Sinn hat es, demokratische Entscheidungen herbeiführen zu wollen. Bei mehreren Booten ist jeden Tag eine gemeinsame Besprechung vor dem Lossegeln nötig, in der die Tagesroute inklusive eventueller Optionen besprochen wird. Hier sollte allen Beteiligten die Möglichkeit gegeben werden, ihre Wünsche und Vorstellungen einzubringen. Falls es unterschiedliche Wünsche gibt, wird man dann versuchen, eine mehrheitsfähige Meinung herauszuarbeiten. Ein Problem kann sein, dass Risiken oder Unwägbarkeiten unterschiedlich eingeschätzt werden. Außerdem kann es stark unterschiedliche seglerische Fähigkeiten oder körperliche Belastbarkeiten innerhalb der Crews geben. Es ist dann besser, dass der oder die Schiffsführer versuchen, zum Wohle aller zu entscheiden. Der Schiffsführer hat die Verantwortung für die Mannschaft und das Boot und muss die Sicherheit gewährleisten. Ein kleinster gemeinsamer Nenner, bei dem Risiken und Belastungen vertretbar bleiben, muss gefunden werden. Im Zweifellsfall sollte diejenige Variante bevorzugt werden, die alle Segler zumindest halbwegs mittragen können. Dazu gehört, dass die risikofreudigen oder mehr belastbaren Segler ihre Vorstellungen etwas zurückstellen. Nie sollte man einzelne Crewmitglieder mit etwas überfordern! Dies passiert leicht, wenn Wind und Wetterbedingungen den weniger Geübten zuviel abverlangen. Die erfahrenen Segler sollten solche Situationen vorhersehen und vermeiden helfen. Kompromisse sind denkbar, wie eine leichtere Route oder ein Zwischenstopp, von dem die Lage neu beurteilt werden soll. Kann man bei mehreren Booten trotzdem keine Einigkeit über den weiteren Tourverlauf erzielen, ist es vielleicht besser, dass sich die Boote trennen. Dies hat allerdings auch oft eine Stimmungstrübung zur Folge, da alle Beteiligten damit das Ziel einer gemeinsamen Tour aufgeben.

Für alle Gruppenmitglieder ist es eine schöne Erfahrung zu merken, wie sie durch die Anderen getragen werden. Dies kann sich schon allein dadurch ausdrücken, dass jeder auf seine Weise zum Gelingen der Tour beiträgt und auch einen Teil der anfallenden Arbeiten wie selbstverständlich übernimmt. Es ist ein gutes Gefühl, wenn man selber das Boot klariert und währenddessen Andere schon ein schmackhaftes Abendessen für die ganze Gruppe zubereiten.

8

Sicherheit geht vor

Ein kleiner Leitfaden für Jollensegler

Die primär lebensbedrohlichen Gefahren beim Jollensegeln sind Ertrinken und Unterkühlung. Hierfür kommen prinzipiell zwei Gründe in Frage: Kenterung und Überbordgehen. Eine Kenterung an sich ist noch kein lebensbedrohliches Vorkommnis. Zu einem solchen kann sie sich jedoch entwickeln, wenn die Jolle z.B. nicht aus eigener Kraft aufgerichtet werden kann und Hilfe nicht in Sicht ist. Wir werden im Verlauf dieses Kapitels noch ausführlich „kentern" und ich stelle die Diskussion dieses heiklen Themas zunächst einmal zurück.

Sicherheit entsteht „im Kopf“

Die wirkungsvollste Sicherheitsstrategie ist die Vermeidung von Gefahrensituationen. Wie erkennt man diese rechtzeitig, ohne dabei übertrieben ängstlich zu sein? Wirklich lebensbedrohliche Situationen entstehen meistens durch das Zusammenwirken von mehreren ungünstigen Faktoren, z.B. Starkwind, Kälte, Selbstüberschätzung, usw. Jeder Segler wird - bewusst oder unbewusst - stets die momentane Situation und deren Perspektiven bewerten. Ausgehend von seinen jeweiligen Erfahrungen und mit Hilfe der ihm zur Verfügung stehenden Informationen. Ein Wort zu Angst, die zur Vorsicht mahnt: Angst ist ein ureigener Instinkt, der die Aufgabe hat, uns zu schützen. Sie sollte immer ernst genommen werden, bei sich selbst und Anderen. Ein verantwortlicher Skipper wird sich überdies auch unter harmlosen Bedingungen stets fragen, ob sich gefährliche Situationen entwickeln können. Und ebenso, wie man auf diese im Falle ihres Eintretens angemessen reagiert. Einer drohenden Gefahr sollte mit einer Strategie begegnet werden, die auf mehreren unabhängigen Sicherheitsmaßnahmen fußt. Es gilt weiterzudenken als nur bis zum nächsten Moment. Eventuell eine Situation im Kopf durchzuspielen, die bei einer ungünstigen Verkettung von Umständen entstehen kann. Diese „besonnene Phantasie“ lässt sich vielleicht am besten mit einem inwendigen Fragenkatalog vergleichen, der sozusagen im Hintergrund ständig durchgeblättert und aktualisiert wird:

Sollte ich aufgrund der Wettervorhersage überhaupt aufbrechen? Welchen Wind habe ich? Stimmt er mit der Vorhersage überein? Welchen Wind habe ich in der nächsten Zeit zu erwarten? Welchen Seegang habe ich? Welchen erwarte ich in der nächsten Zeit? Wie verhalten sich Wellen und Kurs zueinander? Gibt es Stellen, an denen außergewöhnlicher Seegang auftreten könnte (Grundseen, Kreuzseen, gegenan laufende Tide)? Welche Segelfläche ist angemessen? Kann ich unterwegs noch reffen, wenn es nötig ist? Kann ich mein Ziel in der geplanten Zeit erreichen? Sind andere Boote in Sichtweite? Würden diese mich bemerken, wenn ich Probleme habe? Welche Seenotmittel habe ich dabei? Kann ich mein Handy einsetzen? Wie ist die Luft- und Wassertemperatur? Ist meine Kleidung angemessen? Kann ich mich eventuell unterwegs gefahrlos umziehen, z.B. den Trockenanzug anziehen? Welche Schwimmweste ist angemessen (Schwimmhilfe oder Rettungsweste)?

Kann ich im Falle einer Kenterung die Jolle aus eigener Kraft wieder aufrichten? Gelingt es mir, sie zu lenzen? Werde ich nach einer Kenterung auf die offene See oder an Land getrieben?

Hat man Mitsegler, für die man als Schiffsführer Verantwortung hat, so sollte man sich auch den folgenden Fragen stellen: Sind die Crewmitglieder angemessen ausgerüstet? Wie belastbar sind die einzelnen Personen? Auf wen kann ich mich am meisten verlassen und um wen muss ich mich besonders kümmern?

Nie wird man eine 100%-ige Sicherheit für Leib und Leben garantieren können. Ein solches Ziel wäre auch illusorisch. Bei allen Arten der Fortbewegung bleibt ein von Null verschiedenes Restrisiko. Es gilt, dieses zu minimieren. Rein statistisch betrachtet, ist Jollensegeln sicherlich nicht gefährlicher als die Teilnahme am Straßenverkehr. Doch auch bei letzterem gilt: lieber Airbag und Knautschzone als nur die bloße Hoffnung: „Mir wird schon nichts passieren."

Abwettern von Starkwind

Generell ist es bei Starkwind immer am sichersten, dicht unter Land zu bleiben. Bei ablandigem Wind ist dort kaum Welle zu erwarten. Bei auflandigem Wind sollte man nicht zu nah an das Ufer kommen, da sich mit abnehmender Wassertiefe die Wellen aufsteilen. Weiter als etwa eine halbe Meile sollte man sich allerdings auch nicht entfernen: Kentert man in solch einer Entfernung, so wird das Boot nebst Besatzung in absehbarer Zeit ans Ufer getrieben, wenn es nicht schon vorher bemerkt wird. Im Übrigen ist es immer eine Option, bewusst auf das Ufer zu steuern und die Jolle so unbeschadet wie möglich an Land zu ziehen.

Gehen wir mal davon aus, dass brav der Wetterbericht abgehört wird und man nicht bei sechs angesagten Windstärken den großen Schlag über die offene See plant. Trotzdem kann einen Starkwind erwischen. Dann nämlich, wenn Böen angesagt sind, deren Stärke und Zeitpunkt nur ungenau bekannt sind. Im Seewetterbericht klingt das dann etwa so: „Ost 3, später umlaufend, örtlich Gewitterböen". Man beachte: Es taucht keine explizite Windstärke oberhalb von 3 auf. Aber was heißt „später"? Und wo sind diese „Orte" mit den „Gewitterböen"? Welcher Stärke? Die Antwort fällt einfach aus: Man weiß es nicht. Das einzige, was ich aus Erfahrung sagen kann, ist, dass mit dieser Vorhersage so ziemlich alles drin ist: Windstärke 2 und danach Flaute (mit zeitweise leichtem Donnergegrummel im Hintergrund) oder: herrlicher Segelwind von 3-4, der gegen Abend leicht abnimmt, oder aber: Flaute, dann aber plötzlich Hagelböen der Stärke 8, die bei hochsommerlichen Temperaturen über das Wasser peitschen. Und spätestens hier fängt das Problem an. Man ist also ausgelaufen und der Himmel fängt plötzlich irgendwo an, mächtig schwarz auszusehen. Was also tun? Erste Wahl ist es, einen Hafen anzusteuern und abzuwarten. Wenn dieser zu weit entfernt ist, sollte man Landschutz suchen und dort in geeigneter Wassertiefe ankern. Das heißt so tief, dass sich bei auflandigem Wind keine Brandung entwickeln kann und so flach, dass der Anker noch gut hält. Also irgendwas zwischen 2 und 5 Metern. Dann Anker rein, Segel runter und abwarten bis das

Gewitter abgezogen ist. Soweit so gut. Was tun, wenn das Land zu weit weg ist und Ankern auch ausscheidet? Gibt es vor dem Gewitter die sprichwörtliche „Ruhe vor dem Sturm", so ist das der Zeitpunkt, die Segel herunterzunehmen oder zumindest stark zu verkleinern. Und eventuell zu paddeln, um nicht auf der Stelle zu stehen. Die ersten Böen fallen oft so überraschend ein, dass zum Segelbergen kaum noch Zeit bleibt. Manchmal kann es sein, dass der Wind um bis zu 180° umspringt. Fallen die Böen von achtern ein, kann man nur unter Fock weiterlaufen. Besteht die Gefahr, auf Legerwall zu stranden, sollte man das Großsegel möglichst gerefft stehen lassen, um besser manövrieren zu können. Was, wenn lediglich ein paar Schauerböen zu erwarten sind? Auch dann ist großzügiges Reffen angesagt; denn für eine Kenterung reicht eine starke Böe aus. Ist alles Gepäck gut verstaut, sind alle Schotten dicht? Die Umgebung sollte man nach herannahenden Böen absuchen. Dunkel gekräuseltes Wasser oder andere Segler, die plötzlich mächtig Fahrt machen oder stark krängen, sind gute Indizien. Der Baumniederholer wird angeknallt. Die Großschot fährt man aus der Hand. Ist es dann soweit und die erste heftige Böe kommt, nur keine Panik. Bei zuviel Krängung wird einfach das Großsegel gefiert. Man vermeide, die Böen zu stark auszuluven. Durch das Luven nimmt zunächst die Krängung noch zu, und wenn man nur etwas zu stark anluvt, verliert das Boot plötzlich an Fahrt und wird instabil. Das Schwert kann um etwa 1/3 angehoben werden, um den Ruderdruck und die Krängung zu vermindern. Lässt man dann soviel Großsegel wie nötig auswehen (der gestraffte Baumniederholer verhindert ein Schlagen des Großbaumes), kann man als geübter Steuermann die Jolle bei Windstärke 7 noch gut halten. Was tun, wenn der Wind noch mehr zunimmt? Am besten alle Segel bergen und vor dem Wind ablaufen.

Wellen

Je länger der Starkwind andauert, um so mehr wird nicht der Wind, sondern die Welle zum eigentlichen Problem. Die Jolle ist sehr schwer zu steuern und nimmt viel Wasser über. Eine Windböe, etwas zu starkes Anluven, dann eine See in die Breitseite: Das Boot liegt im Bach. Ob sich die Jolle bei raumen Winden oder am Wind leichter steuern lässt, ist je nach Bootstyp, Wellenform und der jeweiligen Erfahrung unterschiedlich. Für Am-Wind-Kurse ist es eine bewährte Technik, auf dem ansteigenden Wellenberg anzuluven, um dann nahezu senkrecht durch den Wellenkamm zu gehen und anschließend im Wellental wieder abzufallen. Auf jeden Fall vermeide man einen Kurs quer zur Welle.

Weht der Wind in etwa parallel zur Küste und liegt ein Hafen in Lee, so wird man diesen ansteuern. Bei anderen Windrichtungen und keinem Hafen in Lee wird es in der Regel auf einen Am-Wind-Kurs hinauslaufen, da man bei auflandigem Wind nicht stranden möchte. Hat sich bereits eine starke auflandige Welle entwickelt, ist das Ankern in Landnähe zu riskant, da der Anker vielleicht nicht gut hält und man von der Brandung an Land geworfen werden kann. Bei ablandigem Wind sollte man jedoch immer den Schutz des Ufers suchen.

Wie wird die Jolle das Wasser wieder los?

Was das Kentern betrifft, so gilt die Regel: Jollen sind kenterbar aber nicht sinkbar. Mit Ausnahme von Kieljollen. Sie sollten ebenfalls durch viel Auftriebsvolumen unsinkbar gebaut sein. Andernfalls besteht die Gefahr, durch einen überkommenden Brecher oder die Krängung bei einer Sturmböe vollzulaufen und anschließend zu sinken (so geschehen bei mehreren Kieljollen vom Typ „Soling“ während der Olympiade

1972 in der Kieler Bucht). Da solche sinkbaren Konstruktionen weder die Flexibilität einer Schwertjolle noch die Sicherheit einer Yacht aufweisen, taugen sie nicht fürs Wandersegeln. Außer vielleicht in Binnengewässern. Hubkieljollen mit ausreichend Auftrieb eignen sich hingegen besonders in Küstenrevieren (z.B. c55, Efsix, Sailhorse, Monarch usw.). Sie bieten wesentlich mehr Sicherheit als Schwertjollen und sogar so manche kleine Yacht.

Hat die Jolle einen Doppelboden mit Auftriebsvolumen, so ist sie „selbstlenzend": d.h. die Plicht liegt oberhalb der Wasserlinie. Auf dem Plichtboden stehendes Wasser fließt dann aufgrund des Wasserdrucks ab - sogar ohne Fahrt im Boot (Prinzip des sich ausgleichenden Wasserstands). Anders arbeiten so genannte „Fahrtlenzer", die unterhalb der Wasserlinie liegen. Sie nutzen die bei Vorausfahrt entstehende Sogwirkung aus und müssen bei in Ruhe befindlichem Boot geschlossen sein.

Gute Lenzeinrichtungen sind essentiell, um das Vollschlagen bei viel Seegang zu verhindern (die erste Welle geht übers Deck, die x.-te Welle ins Boot). Auf Holzbooten ohne Lenzer haben sich mobile Handlenzpumpen mit langem Saugrohr bewährt (z.B. „Thirsty Mate"), um den Fluten Einhalt zu gebieten.

Wie stabil ist die vollgeschlagene Jolle?

Das Lenzen von Jollen mit zuwenig Auftrieb stellt ein Problem dar. Zum einen tritt Wasser aus dem Schwertkastenschlitz aus, wenn dieser unter die Wasserlinie gerät. Zum anderen gelangen durch überkommenden Seegang ständig so große Wassermengen ins Boot, dass ein Lenzen durch die Mannschaft unmöglich sein kann.

Auftriebsvolumina unter den Seitendecks entfalten ihre Wirkung in der Regel erst nach einer Kenterung. Nach dem Aufrichten stabilisieren sie das vollgeschlagene Boot, dessen Formstabilität sonst praktisch gleich Null wäre. Der Auftriebskörper auf der gekrängten Leeseite erfährt eine stärkere Auftriebskraft als der auf der Luvseite, und damit die Jolle ein aufrichtendes Moment. Diese Art der Stabilisierung kann ein Doppelboden allein nicht leisten, da sich dieser im vollgeschlagenen Zustand des Bootes fast immer völlig unter der Wasserlinie befindet und folglich die Auftriebskräfte im Wesentlichen symmetrisch wirken. Deswegen wird ein reines Doppelbodenboot nach dem Aufrichten instabiler sein als eines mit seitlichem Auftrieb. Gänzlich instabil nach einer Kenterung sind Jollen mit zu wenig Auftrieb, z.B. reine Holzboote ohne Luftsäcke.

Welche Jollen kentern leichter?

Kaum nötig zu sagen, dass verschiedene Jollenklassen konstruktionsbedingt ein unterschiedliches Kenterrisiko haben. Schnelle, d.h. leichte Konstruktionen mit wenig Freibord kentern eher als schwere, hochbordige „Enten“ (fürs Aufrichten nach einer Kenterung gilt allerdings das genaue Gegenteil!). Breite Jollen sind stabiler als schmale, aber ebenfalls nach einer Kenterung auch schwerer aufzurichten (ein Extrem sind Katamarane). Jollen können auch hochbordig und schmal sein. Beispiele sind etwa die so genannten Marinekutter oder Jugendwanderkutter, die nur aufgrund ihres hohen Freibordes und ihrer Behäbigkeit ein beherrschbares Kenterrisiko haben. Sie mögen für eine Jugendgruppe das für Wanderfahrten geeignete Vehikel sein, wenn verantwortungsvoll und umsichtig gesegelt wird.

Rundspanter neigen vor dem Wind zum „Geigen“, einer sich selbst verstärkenden Schaukelbewegung, der man durch gefühlvolles Gegensteuern begegnen muss. Wer einmal bei fünf Windstärken platt vor dem Laken in einem „Finn Dinghy“ gesessen hat, weiß, wovon die Rede ist. Und das, obwohl das Finn Dinghy - was Länge, Segelfläche und Gewicht betrifft - in etwa mit dem „Piraten“ vergleichbar ist. Die viel gepriesene Stabilität des Piraten ist zum großen Teil auf den Knickspant zurückzuführen. Er bedingt eine enorme Formstabilität an der Kreuz und ruhige Gleitphasen (Gleiches gilt auch für den „Zugvogel“). Der Pirat besitzt außerdem nur eine relativ kleine Segelfläche, einen tief liegenden Segeldruckpunkt und ein sehr schweres Metallschwert, welches im Vergleich zum Bootsgewicht bereits einen kleinen Kielballast darstellt. Dies sind die Gründe, warum der Pirat immer wieder als Jolle genannt wird, die sehr viel Wind verträgt und dennoch schnell ist.

Schwimmwesten

„Die Rettungsweste verringert das Risiko des Ertrinkens, sie garantiert keine Rettung“. So heißt es in einer Bedienungsanleitung. Schwimmwesten werden in „Schwimmhilfen“ und „Rettungswesten“ unterschieden. Der Sinn einer Rettungsweste ist es, die Atmungsorgane einer völlig entkräfteten oder sogar bewusstlosen Person über Wasser zu halten. „Ohnmachtsicher“ bedeutet, dass ein Treiben in Rückenlage durch die Auftriebsverteilung der Weste begünstigt wird und der Kopf durch einen Schwimmkragen gestützt wird. Tests unter Praxisbedingungen haben allerdings gezeigt, dass eine ohnmächtige Person nicht in jedem Fall schnell genug in die Rückenlage gedreht wird, selbst durch rechts und links asymmetrisch verteilte Schwimmkammern. Eine Schwimmweste verringert außerdem das Risiko einer Auskühlung, da sie Schwimmbewegungen überflüssig macht und der Auftriebsschaum eine wärmeisolierende Wirkung hat.

Schwimmwesten werden klassifiziert nach europäischer Norm, bei der das Auftriebsvermögen in Newton die Grundlage darstellt. Demnach bedeutet die Angabe „50“ oder „50N“, dass die Weste für eine NormPerson von 70 kg eine Auftriebskraft von mindestens 50 Newton bereitstellen muss. Für andere Körpergewichte gelten entsprechend angepasste Werte. Die Klassifizierungen entsprechen bestimmten Einsatzzwecken. Danach gilt eine „50N“-Weste als reine Schwimmweste, nur Westen mit mindestens 100N gelten als Rettungsweste.

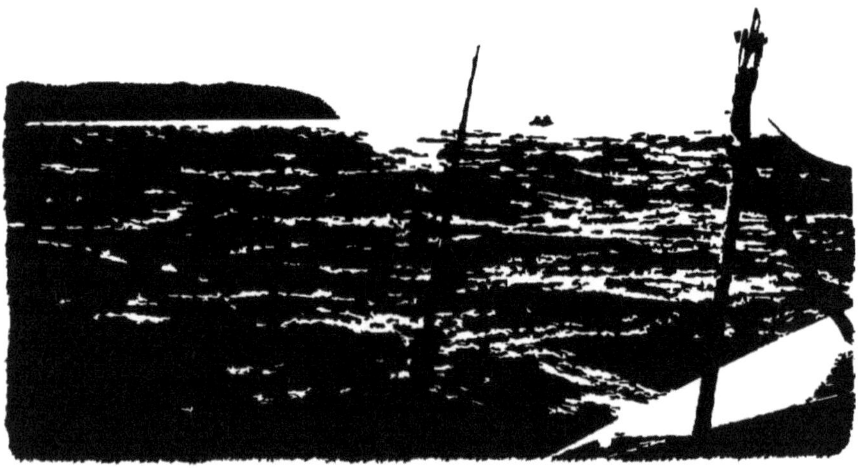

Auf Jollen sind kragenlose Schwimmhilfen der 50N-Klasse sehr gebräuchlich, da sie bequem sind und viel Bewegungsfreiheit bieten. Auch ich habe viele Seemeilen mit einer solchen Weste zurückgelegt. Man muss sich allerdings über ihren begrenzten Einsatzzweck im Klaren sein. Mittlerweile bevorzuge ich die Rettungsweste, besonders wenn ich Einhand unterwegs bin.

Die aufblasbaren Rettungswesten sind in der Regel Klasse 150N oder sogar höher, so dass sie in dieser Hinsicht Feststoffwesten überlegen sind. Auf Yachten sind aufblasbare Westen als sekundäre Sicherung mittlerweile Standard. Primäre Sicherung übernimmt die eingepickte Life-Leine, die bereits das Überbordgehen verhindert. Diese Sicherungsstrategie lässt sich nicht so ohne weiteres auf Jollen übertragen: Das Anleinen selbst birgt Risiken, wie im Abschnitt „Überbordgehen" diskutiert wird. Außerdem kann man beim Jollensegeln mit einer „vollautomatischen" d.h. sich im Wasser selbst aufblasenden Weste wenig anfangen. Erstens wird die Weste schon aufgrund der auf Jollen übliche Nässe dazu neigen, sich ungefragt selbst aufzublasen. Zweitens ist man mit einem solchen Ding nach einer Kenterung im Wasser so unbeweglich wie eine Gummiente. In Frage kommen daher meiner Ansicht nach nur solche aufblasbaren Westen, die man mit der Hand auslösen kann. Zusätzlich lassen sich diese Westen über ein Ventil aufpusten, wenn die Auslösung versagt oder die Weste ein kleines Leck hat. Trägt man solch eine „halbautomatische" Weste beispielsweise über einem Trockenanzug, der für gewisse Zeit durch die eingeschlossene Luft genügend Auftrieb bietet, so kann man sie bei Bedarf „zünden" (z.B. wenn das Boot nicht aufgerichtet werden kann und man lange im Wasser verweilen muss). Eine andere Möglichkeit wäre, sie über einer Schwimmhilfe zu tragen (sozusagen Gürtel mit Hosenträgern). Die Ohnmachtsicherheit ist bei einer solchen manuell auszulösenden Weste allerdings nicht mehr voll gegeben: Bekommt man bei einer Patenthalse den Großbaum gegen den Schädel und geht bewusstlos über Bord, so ist das ein ziemlich sicherer Exitus. Als Fazit würde ich für Jollenwanderungen im Zweifelsfall immer zu einer hochwertigen, bequemen Feststoffrettungsweste raten (z.B. Plastimo Tempest Elite 100N).

Seenotsignale

Die klassischen Seenotsignale sind Leuchtraketen, Handfackeln oder Rauch. Primäres Problem ist, diese Munition so zu verstauen, dass sie trocken bleibt und sich auch noch am gekenterten Boot abfeuern lässt. Dazu lagert man sie am besten in einem wasserdicht verschraubten Plastikfässchen, welches man z.B. an einem Want festbändselt. Meine Erfahrungen mit dieser Munition sind aber eher negativ. In einem Seenotfall, der während meiner Jugend einem Kameraden aus dem Segelverein widerfuhr, war nach einer Kenterung den aus der „Tupperware" entnommenen drei Raketen nichts zu entlocken, außer jeweils einem lauten Zischen. Ein anderer Fall spielte auf einem Holzpiraten, mit Ruderbruch im kleinen Belt treibend. Die Crew entschloss sich, mit „Nicosignal" einen roten Stern in den Himmel zu schießen. Außer einem Knall, der lediglich zu zeitweiliger Taubheit und Tinnitus des Skippers führte, passierte leider ebenfalls nicht das Gewünschte. Der Skipper nahm daraufhin von weiteren Versuchen Abstand (in beiden Fällen blieben die Havarien zum Glück nicht unbemerkt und Hilfe kam rechtzeitig). Da Versuche mit abgelaufener Munition zu Silvester ebenfalls ein eher ernüchterndes Bild ergaben, halte ich persönlich die Knallerei auf Jollen für insgesamt wenig Erfolg versprechend. Nichtsdestotrotz sollte man ein gewisses „Waffenarsenal" mitführen, um sich später keine Unterlassungssünden vorwerfen zu müssen. Es gibt ein recht zuverlässig und praktisch anmutendes Gerät (Signalgeber von Comet), welches Munition und Abschussgerät handlich vereint.

Ein mitgeführtes Handy lässt sich ebenfalls als Seenotsignalmittel verwenden. In Deutschland wählt man die 124124 und wird dann mit der zentralen Seenotleitstelle der DGzRS in Bremen verbunden. Das Handy muss sich in einer absolut wasserdichten Umhüllung befinden (z.B. „Aquapack“), die man am Körper tragen sollte. Doch auch dann ist es fraglich, ob man im entscheidenden Moment einen Notruf absetzen kann. Erstens ist guter Empfang auf offener See nicht mehr gegeben. Zweitens nimmt der Empfang immer stark ab, wenn man im Wasser schwimmt. Und drittens ist bei Starkwind die Geräuschkulisse so hoch, dass man kaum etwas im Handy hört. Man mache einfach mal einen Test bei Windstärke 5 mit killenden Segeln. Trotzdem gilt auch fürs Handy ähnliches wie fürs Feuerwerk: Dabeihaben ist angesagt, um eine Option mehr für Notfälle zu haben.

Überbordgehen

Verglichen mit dem Risiko der Kenterung ist ein reines Überbordgehen eher unwahrscheinlich. Eine Crew mit elementaren Segelfertigkeiten wird in diesem Fall sofort ein Mann-über-Bord-Manöver einleiten. Jollen haben wenig Freibord, so dass ein Wieder-an-Bord-Kommen viel leichter als auf Yachten ist. Dem Überbordgehen kann indes leicht eine Kenterung folgen, wegen der ungünstigen Gewichtsverteilung oder durch die entstehende Hektik. Überbordgehen kann besonders kritisch sein, wenn man Einhand segelt und dann den Kontakt mit dem Boot verliert. Auf Yachten schützt man sich davor mit Anleinen (Life-Belt mit Life-Leine und eingepicktem Karabiner am Boot). Solch eine Sicherung ist eigentlich nur etwas für Einhandsegler auf Kieljollen. Denn kentert eine Schwertjolle, so kann die Life-Leine eine tödliche Falle bedeuten (wenn man etwa unter das Großsegel gerät). Empfehlenswert ist daher nur die Benutzung eines Life-Belts mit Sicherheitskarabiner, der sich auch unter Zug leicht mit einem Handgriff lösen lässt. Die Life-Leine kann aber auch die Ursache für eine Kenterung sein; nämlich dann, wenn man sich darin bei einem Manöver vertörnt. Damit verglichen ist das Überbordgehen ein eher unwahrscheinliches Ereignis, wenn man nicht gerade sturzbetrunken ist.

Unterkühlung

Die meisten Untersuchungen, die sich mit dem Phänomen der Unterkühlung beschäftigen, beziehen sich auf Wassertemperaturen von unter 15°C. Dies ist für die Nord- und Ostsee etwa bis Mitte Juni und dann wieder ab Oktober der Fall. Besonders kalt ist folglich vor allem der Saisonbeginn. Aber auch im Hochsommer ist mit dem Risiko einer Unterkühlung zu rechnen, nur eben nach einem entsprechend längeren Zeitraum.

Die Überlebenszeit im Wasser hängt neben der Wassertemperatur und der Kleidung sehr stark von individuellen Faktoren ab. Diese sind z.B.: Körperfülle, Kondition und Training. Es kommt außerdem auf das richtige Verhalten an, damit der Körper nicht vorschnell auskühlt. Kann man Schwimmbewegungen durch das Tragen einer Rettungsweste vermeiden und wird der Wärmeverlust über den Kopf minimiert (ein großer Teil der Körperwärme geht über den Kopf verloren), so dehnt sich die Zeit aus. Für die Überlebenszeit gilt übrigens unabhängig von der Bekleidung, dass sie sich in etwa halbiert, wenn die Wassertemperatur um 5°C sinkt.

Vor dem Kältetod liegt eine länger andauernde Phase der Bewusstseinstrübung und später Bewusstlosigkeit. Die Handlungsfähigkeit geht allerdings viel früher verloren. Dies liegt zum einen an den Bewegungseinschränkungen unterkühlter Gliedmaßen, zum anderen an einem generellen Kraftverlust. Es kann bei sehr niedrigen Temperaturen auch schon nach wenigen Minuten zu einer so genannten „Kälteschockreaktion" kommen, bei der die Atmung Probleme macht und die Orientierung erschwert ist. Davon unabhängig kann eine Schwimmhemmung auftreten, die mit zunehmender Muskelstarre einhergeht. Für die Zeit, in der man voll handlungsfähig ist, gilt ohne

Schutzkleidung in etwa die Faustregel (für Wassertemperaturen unterhalb von 15°C):

Voll handlungsfähig: Zeit in Minuten = Wassertemperatur in °C

Dies ist die Zeit, die zählt. Soviel Zeit bleibt, um das Boot aufzurichten und einzusteigen. Auch dann ist die Gefahr noch nicht gebannt, denn ein erneutes Kentern muss unbedingt verhindert werden. Wir sehen anhand dieser Fakten, dass bei niedrigen Wassertemperaturen eine besondere Schutzkleidung nötig ist. Mit dieser wollen wir uns nun näher beschäftigen.

Kleidung

Als Schutzkleidung kommen im Prinzip die Varianten Ölzeug, Neopren- und Trockenanzug in Frage. Die meisten Jollenwanderer, die ich kenne, bevorzugen das klassische Ölzeug aus Latzhose und Jacke mit Kapuze. Dieses hat sich im Laufe der Jahre durch den Einsatz moderner textiler Materialien stetig weiter entwickelt. Schon im mittleren Preissegment ist atmungsaktive und dennoch vollkommen wasserdichte Kleidung erhältlich. Da man beim Jollensegeln durchaus in Schwitzen geraten kann, ist ein atmungsaktives Kleidungsstück empfehlenswert; wenngleich man nicht die Erwartung haben sollte, dass sich nun gar kein Schwitzwasser im Innern der Kleidung mehr bildet. Unter dem Ölzeug trägt man entweder nur Baum- oder Schurwolle, oder eine Kombination aus Funktionsunterwäsche und Fleecebekleidung (beides aus Kunstfasern). Baumwolle hat die Eigenschaft, sehr viel Feuchtigkeit aufnehmen und puffern zu können, aber andererseits nicht mehr zu wärmen, wenn sie durchnässt ist und außerdem schwer zu trocknen. Deswegen ist sie nur bedingt fürs Jollensegeln geeignet. Schurwolle hingegen wärmt auch im nassen Zustand aber trocknet ebenfalls schlecht. Fleece und Funktionsunterwäsche wärmen auch nass noch einigermaßen gut und trocknen sehr schnell. Dies sind sehr praktische Eigenschaften. Leider erzeugen die Kunstfasern durch ihre geringe Pufferwirkung für Hautfeuchtigkeit kein so angenehmes Hautgefühl wie Naturmaterialien.

Nun zu dem Aspekt der Kleidung, der sicherheitsrelevant ist. Das Verhindern einer Unterkühlung im Wasser. Jollensegler mit Regatta-Erfahrung segeln in der Regel nicht in Ölzeug. Zu groß ist die Gefahr einer Kenterung, nach der man völlig durchnässt wäre und bald die Wettfahrt aufgeben müsste. Auf Jollenwanderungen wird nicht so sportlich gesegelt; die Jollen sind behäbig, weil schwer bepackt. Der Ehrgeiz, maximale Geschwindigkeit zu fahren, weicht einem Sicherheitsdenken, das einen lieber einmal zu früh ein Reff einbinden lässt. Daher sind Kenterungen selten. Was ist, wenn sie trotzdem passieren? Aus eigener Erfahrung weiß ich: Die Schwierigkeit, das Boot wieder aufzurichten und die Gefahr der Unterkühlung werden leicht unterschätzt. Im Wasser lässt die Kraft schnell nach, weil der Körper voll damit beschäftigt ist, die Körpertemperatur zu halten. Ist dann keine Hilfe in Sicht, wird es lebensgefährlich. Nur Kleidung, die den direkten Wasseraustausch an der Hautoberfläche unterbindet, stellt einen wirksamen Schutz gegen Unterkühlung dar. Im Klartext heißt das: Neopren- oder Trockenanzug. In Punkto Kälteisolierung verlängert der Neoprenanzug die Überlebenszeiten im Wasser gegenüber Ölzeug etwa um einen Faktor 2, der Trockenanzug hingegen um einen Faktor 6! Ein Trockenanzug ist also die mit Abstand sicherste Variante. In punkto Hautgefühl ist man ebenfalls im Neoprenanzug nicht gut beraten, da man durch Schweiß oder Spritzwasser ständig nass ist - und das über Stunden. Mal abgesehen vom Kälteproblem zeigt irgendwann die Haut Auflösungserscheinungen. Die Tabelle auf der folgenden Seite fasst die Vor- und Nachteile verschiedener Bekleidung zusammen.

Die Problematik des Kenterns und der dann drohenden Unterkühlung ist übrigens beim Jollensegeln vergleichbar mit dem Kanusport. Udo Beier, Referent fürs Küstenkanuwandern beim Deutschen Kanu Verband schreibt: „Trockenanzüge... erhöhen die Chance, eine Kenterung auch dann zu überleben, wenn man nicht sofort wieder in sein Kajak kommt. In unseren Breiten sollte man ihn eigentlich immer anhaben, wenn es hinaus aufs Meer geht. Nur bei wirklich sommerlichen Temperaturen (ab +19°C Wasser- und Lufttemperatur) geht es auch mal ohne ihn. Trotzdem sollte man ihn dabei haben, da sich das Wetter manchmal doch recht schnell ändern kann. Wichtig ist, dass man beim Anziehen des Trockenanzuges nicht auf die für die Kälteisolierung so nötige Unterbekleidung verzichtet und dass ein Trockenanzug bequem ist, sonst zieht man ihn nämlich auf Dauer nicht an. Übrigens, am wenigsten beengend sind Füßlinge, eine Latex-Halsmanschette mit Klettverschluss, ein Front-Reißverschluss... Damit man möglichst lange Freude an seinem Trockenanzug hat, sollte man ... (ihn) unterwegs schonend behandeln und zu Haus pflegen; denn wenn mal unterwegs ein Trockenanzug undicht wird, könnte es Probleme geben. Schon ein nur 5 cm langer Riss genügt, um das Kälteisolationsvermögen eines Trockenanzuges erheblich zu beeinträchtigen."

Kenterungen

Wie gesagt, Jollen sind in der Regel unsinkbar aber im Gegensatz zu Kielbooten kenterbar. Dieses Faktum gerät leicht in Vergessenheit wenn man noch nie (oder lange nicht mehr) gekentert ist. Deswegen ist es falsch, sich in trügerischer Sicherheit zu wiegen. Es ist besser, sich im Vorfeld aktiv mit einer Kenterung auseinanderzusetzen.

Nun sei es trotz aller Vorsichtsmaßnahmen doch einmal passiert; das Boot ist gekentert und die Mannschaft im Bach. Was nun? Als erstes muss verhindert werden, dass das Boot ganz durchkentert, d.h. der Mast zum Grund zeigt, oder in diesem sogar feststeckt. Die Aussichten, eine durchgekenterte Fahrtenjolle aufrichten zu können, sind schlecht. Also sollte nach einer Kenterung eine Person sofort zum Masttop schwimmen und sich an diesem festhalten, während eine andere Person auf das Schwert steigt oder sich zumindest an diesem festhält. Ein eventuell hoch geholtes Schwert muss wieder gefiert werden. Befindet sich eine schwere Person am oder auf dem Schwert, wird das das Boot nun in einer Art „stabiler Seitenlage“ verharren. Das Durchkentern kann übrigens durch mehrere Hilfsmittel ebenfalls verhindert werden: durch ein Kenterschutzkissen im Masttop etwa. Es gibt z.B. bei Wasserkontakt selbst aufblasende Kissen von 20 Litern, die verpackt so groß wie eine Packung Spagetti sind (z.B. von Secumar). Andere Möglichkeiten sind ein ausgeschäumter Masttop oder ein Fender daran. Auch ein Holzmast wirkt einem Durchkentern entgegen. Eine ganz pfiffige Lösung aus England ist es gar, ein etwa ¼ qm großes Dreieck aus Auftriebsmaterial in den Segelkopf zu nähen. Passiert es trotzdem, dass die Jolle durchkentert, so ist die Situation erheblich schwieriger, aber nicht aussichtslos. Zunächst darf es nicht passieren, dass das Schwert vollständig einklappt, so dass man es nicht wieder herausbekommt oder es sogar aus dem Schwertkasten fällt. Dies wird z.B. durch einen belegten Niederholer erreicht. Dieser verhindert allerdings, dass sich beim unerwarteten Aufbrummen das Schwert von selbst hochklappt und so die Jolle vor Beschädigung geschützt wird. Alternativ kann man einen kräftigen Gummistropp verwenden, der zumindest nachgibt. Er hat allerdings den Nachteil, dass man beim Holen des Schwertes stets gegen das Gummi anarbeiten muss. Die beste Lösung scheint mir eine Sicherungsleine zu sein, die das Schwert gegen vollständiges Einklappen sichert. Bei Bedarf, zum Beispiel beim Slippen, kann die Leine einfach gelöst werden, am einfachsten mit einem Karabinerhaken. Unnötig zu sagen, dass natürlich alle anderen Bootsgegenstände, insbesondere Ruder, Anker und Paddel gegen Verlust gesichert sein müssen.

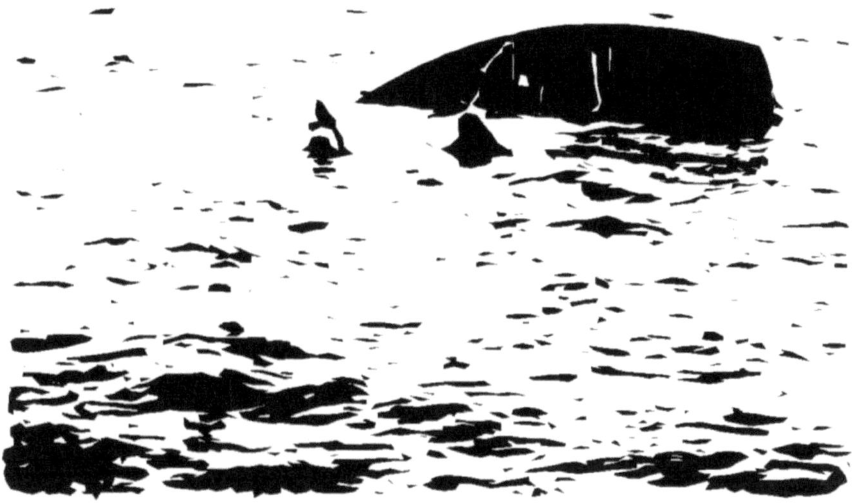

Bevor ich nun fortfahre, will ich kurz innehalten, um eine wichtige Frage zu stellen. Denn zu diesem Zeitpunkt, wo der Mast noch im Wasser liegt, muss eine Entscheidung getroffen werden: Macht es jetzt überhaupt Sinn, das Boot aufzurichten? Eine schwere Jolle, womöglich sogar durchgekentert, wenig Auftrieb, viel Wind oder Welle; dies sind alles Faktoren, die ein geglücktes Aufrichten und Weitersegeln zunehmend unwahrscheinlicher machen. Allein ein solcher Versuch kostet unglaublich viel Kraft. Es kann daher besser sein, seine Kraft zu schonen. Spielen wir daher diese Möglichkeit kurz weiter durch: In dem aussichtslosen Fall sollte man sich so weit wie möglich auf den Bootsrumpf ziehen und von dort aus auf Hilfe warten bzw. Seenotsignale aktivieren. Nur in absoluten Ausnahmefällen darf man versuchen, an Land zu schwimmen. Die Gründe sind hinlänglich bekannt: Unterschätzung der Entfernung, Überschätzung der eigenen Kräfte (Bekleidung), beschleunigte Auskühlung, Auffinden durch Retter.

Nun zu Plan B: dem Versuch des Weitersegelns. Entscheidet man sich für das Aufrichten, sollte man zwar wegen der Gefahr der Unterkühlung zügig vorgehen, aber dennoch besonnen handeln und nichts überstürzen, da man durch Fehler viel Zeit und Kraft verliert. Ist die Gefahr des Durchkenterns gebannt und eine Person sicher am Schwert, so muss beim Aufrichten das Boot durch eine Person am Bug in den Wind gedreht werden. Die Crux ist nämlich, dass sich das auf der Seite schwimmende Boot so mit dem Wind ausrichten will, dass die Mastspitze nach Luv weist. Dann führt das Großsegel beim Aufrichten eine Art Halse aus, deren Schwung eine neue Kenterung auslösen kann. Eventuell kann man sogar vorher die Segel abschlagen und provisorisch sichern. Generell gilt, dass ein mit vollen Segeln aufgerichtetes Boot leicht erneut kentert. Entscheidet man sich dazu, die Segel stehen zu lassen, müssen auf jeden Fall alle Schoten gelöst werden. Ist eine Person am Bug, muss das Gewicht der in der Regel einen noch verbliebenen Person ausreichen, um das Boot aufzurichten. Hierzu muss diese auf das Schwert klettern und sich dort so weit ans Ende stellen und hinauslehnen, wie es geht. Kommt der Masttop schließlich aus dem Wasser, steigt sie im geeigneten Moment in das Boot über und versucht rasch, die Kontrolle über Ruder und Segel zu bekommen.

Die zweite Person kann entweder als wirksamer Treibanker am Bug hängen bleiben oder rechtzeitig versuchen, auf der entgegengesetzten Seite vom Partner die rollende Aufwärtsbewegung des Bootes abzubremsen (um eine erneute Kenterung zur anderen Seite zu verhindern). Reicht das Gewicht einer Person auf dem Schwert nicht aus, so sollten sich beide Personen ans Schwert hängen (von einem erfahrenen Segellehrer wird dann empfohlen, dass sich eine Person während des Aufrichtens unter dem Boot durchziehen lässt, um die Rollbewegung abzubremsen). Ein durchgekentertes schweres Fahrtenboot richtet man in der Regel nur mit zwei Personen am Schwert auf, wenn überhaupt. Ist Hilfe verfügbar, so wird eine Leine etwa in der Bootsmitte angeschlagen (am Reitbalken, einer Pütting oder einer Fockleitöse), dann über den Rumpf geführt und quer zum Boot gezogen. Hierdurch kann man auch eine durchgekenterte Jolle mit eingeklapptem Schwert aufrichten, wenn die im Wasser befindliche Mannschaft etwas mithilft.

Das Einsteigen zweier Personen geschieht an verschiedenen Seiten, wobei beide Personen das Boot stabilisieren und den Anderen nach Kräften unterstützen. Nun ist das Schwierigste geschafft. Bei selbstlenzenden Booten geht man nun unter kleiner Segelfläche auf einen Lenzkurs bei achterlichem oder raumem Wind. Bei nicht selbstlenzenden Booten treibt man am besten mit geborgenen Segeln und pützt, was der Eimer hergibt. Durch den Schwertkastenschlitz eindringendes Wasser kann mit der hineingepressten Großschot abgewehrt werden. Ist das Boot schließlich gelenzt, so bestehen gute Chancen, mit einem blauen Auge davonzukommen. Zumindest wenn man umgehend (und mit einem Minimum an Segelfläche) den nächsten Hafen ansteuert und sein Schicksal nicht weiter herausfordert.

Das Aufrichten nach einer Kenterung will geübt sein. Möglichst mit dem Boot, auf dem man anschließend jollenwandernd unterwegs ist. Und bei realistischen Bedingungen, das bedeutet nicht unter vier Windstärken und bei etwas Welle. Am besten ist es, sich dafür einen windigen, aber warmen Tag im Hochsommer auszusuchen, mit einem motorisierten Begleitboot in der Nähe. Es können verschiedene Szenarien geübt werden: das Kentern an der Kreuz oder raumschots mit hochgeholtem Schwert, das Aufrichten mit stehenden oder abgeschlagenen Segeln, mit einer oder zwei Personen am Schwert. Das Begleitboot kann die Aktionen filmen, um sie anschließend gemeinsam auszuwerten.

Ich möchte im Folgenden drei Kenterungen auf Jollen schildern. Alle gingen zum Glück glimpflich aus. Ich weiß von diversen Fällen, bei denen dies nicht der Fall war und Personen ums Leben kamen. Da ich deren nähere Umstände aber nicht genau kenne, will ich hier keine Analyse wagen. Nur so viel: In der erschreckend großen Mehrheit sind Alkohol oder Leichtsinn im Spiel gewesen. Zumindest ersteres traf auf die folgenden Fälle nicht zu.

Der erste Fall hat sich in meinem Segelverein in Varel in den achtziger Jahren abgespielt. Eine kleine Kimmkielyacht „Carina“ und ein großes offenes Schwertboot vom Typ „Drascombe Lugger“ segelten gerefft bei frischen Winden von den ostfriesischen Inseln durch die Jademündung zurück. Es gab immer wieder Schauerböen, die sich jeweils durch schwarze Wolken ankündigten und von den Crews gut pariert werden konnten. Eine besonders finstere Wolke enthielt allerdings Wind von Sturmstärke, zusammen mit einer ordentlichen Portion Hagel. Beide Boote wurden von dieser Böe überrascht und hart getroffen. Auf der Carina wurden die Segel voll gefiert und der Motor gestartet. Die Fockschot rauschte aus und verfing sich in der Motorschraube, so dass der Motor ausging. Das Boot war danach nur noch bedingt manövrierfähig. Auf dem Schwertboot entschloss sich die Crew zum Beidrehen, was sicherlich der entscheidende Fehler war. Das Boot kenterte sofort durch. Das ungesicherte Ruder versank daraufhin im Jadefahrwasser und das Schwert klappte ein. Die Carina konnte aufgrund ihrer eigenen Probleme nicht helfen. Die von der Schwertbootcrew ausgelösten drei Seenotsignalraketen versagten alle. Der Crew gelang es dann, das Schwert wieder auszuklappen und das Boot bei nachlassendem Wind wieder aufzurichten. Der Auftrieb war allerdings so knapp bemessen, dass sich die Schwertkastenöffnung nun unter der Wasserlinie befand und große Mengen Wasser von dort einströmten. Das Boot ließ sich nicht lenzen. Ein Motorboot alarmierte daraufhin die Seenotrettung. In der Zwischenzeit kam ein Schnellboot der Marine längsseits. Es gelang mithilfe einer kräftigen Tauchpumpe, das Boot zu lenzen. Wegen des verlorenen Ruders war das Boot dennoch nicht segelfähig und wurde dann von dem eingetroffenen Boot der Seenotrettung nach Wilhelmshaven geschleppt. Abgesehen von Sachschäden ging der Fall glimpflich aus. Wegen der sommerlichen Temperaturen war keine Person unterkühlt.

Der zweite zu schildernde Fall passierte mir auf einer Regatta Anfang Juni 2007 vor Greifswald. Bei nordöstlichen Winden der Stärke 5 hatte sich im Regattagebiet etwa zwei Seemeilen vor der Küste eine hohe Welle von über 1 m entwickelt. Der Pirat mit Doppelboden und Luftsäcken war ohne Gepäck, am Mast fuhr ich das Kenterschutzkissen und wir trugen Trockenanzüge. So waren wir nach meinem Ermessen gut auf eine mögliche Kenterung vorbereitet und riskierten es, bei weiter zunehmendem Wind den Spi zu setzen. Es kam wie es kommen musste: Wir machten den klassischen „Sonnenschuß“ und das Boot kenterte. Durch die enormen Fliehkräfte kenterte das Boot sofort durch, ohne dass sich das Kenterschutzkissen rechtzeitig aufblasen konnte. Meine erste Reaktion war es, statt zum Masttop zum Schwert zu schwimmen, welches ich nicht mehr rechtzeitig erreichte, bevor es sich vollständig einklappte. Es war nämlich nicht gegen solches gesichert, da ich mich auf das Kenterschutzkissen verlassen hatte. Für meinen Vorschoter war die Regatta gleichzeitig das Ansegeln und die Kenterung ebenfalls Premiere, so dass er mit der Situation überfordert war. Wir versuchten, uns auf den Rumpf zu ziehen, was uns auch kurzzeitig gelang. Aber auf dem glatten durchgekenterten Boot war bei den hohen, teilweise überkommenden Wellen kein

Halten. Wir rutschten immer wieder ab und hielten uns schließlich am Ruder fest, dass ich schleunigst noch mit dem Niederholer gegen Herausfallen sicherte. Bei einer Wassertiefe von 4 m steckte der Mast am Grund fest. Aus eigener Kraft war also ein Aufrichten nicht möglich. Einige Minuten später brach der Mast, weil das Rigg der Gewalt der Wellen nicht standhalten konnte. Ein Sicherungsboot nahm das gekenterte Boot in Schlepp, aber es ging zu langsam vorwärts. Unser Sicherungsboot konnte sich nicht ausschließlich mit uns beschäftigen, da mittlerweile eine ganze Reihe von Booten gekentert war. Der Wind hatte inzwischen Stärke 6 erreicht, die Wellen waren unangenehm und die Sicht diesig geworden. Die Wettfahrtleitung bekam nun auch langsam kalte Füße und brach das Rennen ab. Wir beschlossen zusammen mit dem Sicherungsboot, noch auf See einen Aufrichtversuch zu unternehmen. Mit einer am Reitbalken angeschlagenen Leine ließ sich das Boot tatsächlich auf die Seite ziehen, ich bekam das Schwert gefiert und konnte einsteigen, während sich das Boot wieder aufrichtete. Wie auf rohen Eiern balancierend wurde ich im voll geschlagenen Boot mit den Trümmern von Mast und Besegelung abgeschleppt. Mein Vorschoter erholte sich derweil mit klammen Füßen im Sicherungsboot von seinem Schreck. Es dauerte einige Minuten, bis die Selbstlenzer das Boot leer gesaugt hatten und das Boot wieder stabiler im Wasser lag. Ich konnte leicht das volle Ausmaß des Schadens erkennen: Der am Mastfuß gebrochene Mast hatte Teile des Holzdecks geschreddert. Einige Tage später die ernüchternde Bilanz: Eine Schadenssumme von über 1000 €. Glück im Unglück hatte ich allerdings beim Mast selbst: Nach Absägen der Bruchstelle und erneutem Verschrauben im Mastfuß war er nur um 2 cm kürzer geworden.

Das dritte Vorkommnis betrifft mich ebenfalls selber. Ich möchte hier ein Erlebnis schildern, wo ich die Gefahren der Auskühlung am eigenen Leib erfahren habe: Das war Ende April 1992 bei einem Segelkurs der Universität Kiel mit einer Zweimann-Jolle mit Spi und Trapez. Wassertemperatur: 7°C. Trotz dringender Empfehlung des Segellehrers trug ich wegen knapper Kasse nur Ölzeug, meine Partnerin hingegen einen Trockenanzug. Wir waren bei achterlichem Wind der Stärke 5 aus der Schilkseer Bucht etwa 1 Seemeile bis zum Fahrwasser gesegelt und beim Wenden in einer Böe gekentert. Die Kälte merkte ich im ersten Moment aufgrund der Aufregung gar nicht richtig. Das Aufrichten klappte nicht gleich, da das Boot mit nur einer Person auf dem Schwert stehend nicht aufgerichtet werden konnte. Wir hängten uns beide daran, aber kenterten dann immer wieder auf die andere Seite. Nach einiger Zeit kam der Segellehrer und half uns, so dass wir die Fahrt fortsetzen konnten. Doch nach wenigen Böen lagen wir wieder im Bach. Ohne es zu merken, hatte bei mir schon das Reaktionsvermögen nachgelassen, weswegen ich auf die Böen zu langsam reagierte. Das Ende vom Lied war, dass ich nach etwa 15 Minuten und einem weiteren vergeblichen Versuch, die Jolle aufzurichten und leer zu schöpfen, völlig entkräftet aus dem Wasser geborgen werden musste. Das Rettungsboot der Universität war dazu ausgelaufen. Meine Partnerin konnte dann zusammen mit dem Segellehrer die Jolle aufrichten und mit ihm am Ruder in den Hafen segeln. Ihr war es zwar mittlerweile auch schon etwas kühl geworden, aber kein Vergleich mit meinem Befinden: Noch im Rettungsboot ging bei mir das große Schlottern los, das an Land selbst nach einer Viertelstunde heißen Duschens nicht aufhörte. Direkt daran anschließend befielen mich starke Sehstörungen und Kopfschmerzen: meine erste Migräne. Meine Unterkühlung war vor allem auf die niedrige Wassertemperatur zurückzuführen. Ein Trockenanzug hätte dies allerdings verhindert! Nicht auszudenken, was passiert wäre, wenn wir auf eigene Faust unterwegs gewesen wären. Was mich im Nachhinein besonders schockiert hat, war die Erfahrung, wie sich meiner im Zuge der Entkräftung eine gewisse Gleichgültigkeit bemächtigte. Ich kann mir nun vorstellen, wie schnell der Tod eintritt, wenn die Kälte einem den Überlebenswillen raubt und man einfach nur noch ausruhen will.

Meine zehn goldenen Sicherheitsregeln

Dieses lange Kapitel über die Sicherheit mag so manchen Binnensegler abgeschreckt haben, überhaupt eine Jollentour in Küstengewässern zu unternehmen. Das ist nicht beabsichtigt. Um das Gesagte in griffiger Form zusammenzufassen, seien zehn „goldene Regeln" formuliert, deren Beachtung aus meiner Sicht ein Höchstmaß an Sicherheit garantiert. Die Regeln korrespondieren im Wesentlichen mit den Punkten des „inwendigen Fragenkataloges", auf den weiter oben schon eingegangen wurde.

1. Seewetterbericht einholen. Ab Windstärke 5 nur noch in geschützte Gewässer aufbrechen.
2. Starken Seegang vermeiden.
3. Keinen Alkohol auf dem Wasser trinken.
4. Rechtzeitig reffen.
5. Zeitreserven einplanen.
6. Möglichst in Sichtweite Anderer segeln.
7. Seenotmittel und Handy (Notruf 112) mitführen.
8. Sich vor Unterkühlung schützen.
9. Rettungswesten tragen.
10. Kentern vorher üben.

Wer diese Regeln beherzigt, der kann so manche tolle Tour wagen, ohne dabei sein Schicksal über Gebühr herauszufordern.

Glossar

Abdrift seitliches Versetzen eines Bootes durch Wind oder Seegang
abfallen Kursänderung vom Wind weg
ablaufen Sturm mit kleiner Segelfläche vor dem Wind abwettern
abreiten (Jargon) zügig segeln
achteraus, achtern hinten
achterlich von hinten
Achterliek hintere Kante eines Segels
anluven eine Kursänderung zum Wind
anschlagen befestigen
auffieren dem Zug einer Leine kontrolliert nachgeben
aufbrummen →auflaufen
auflandig Wind weht von See Richtung Land
auflaufen auf Grund geraten
aufriggen stellen und befestigen des Mastes und gesamten →Riggs
aufschießen (das Boot) mit dem Boot gegen den Wind drehen, um es abzubremsen
aufschießen (eine Leine) ordentlich aufwickeln und sichern
ausbaumen Ausstellen eines Segels bei →achterlichem Wind
ausgeprickt mit →Pricken versehen
ausluven →Böen durch anluven besser ausnutzen
ausreiten das Körpergewicht weit nach →Luv verlagern, um das Boot möglichst aufrecht zu segeln
Auge Ring, Öse, Loch oder Schlinge
back ein Segel ist verkehrt herum gegen den Wind gedrückt
Backbord in Fahrtrichtung links
Bändsel Band oder dünne Leine
Ballast Gewicht am Kiel einer Yacht, um sie am →Kentern zu hindern
Baumniederholer diagonal verlaufende Verspannung zum unteren Mast, um den Baum am Steigen zu hindern
Baumnock Ende des Baumes
Baumschere Stütze für Baum wenn Boot nicht segelt
beidrehen Manöver, das zum →Beiliegen führt, indem beim Wenden die Fock back stehengelassen und das Großsegel gefiert wird
beiliegen relativ ruhige Lage eines Segelbootes nach dem →Beidrehen mit Pinne in Lee. Durch die starke Abdrift werden die Wellen geglättet
belegen Leine befestigen, knoten
Belegklampe flacher Beschlag zum →Belegen einer Leine
Bilge Raum unter Bodenbrettern
Block Rolle für Leine
Böe starker Windstoß oder vorübergehende Phase stärkeren Windes
Bug Vorderteil des Bootes
Cockpit →Plicht
Curryklemme Federklemme mit zwei Backen, die Leine unter Zug einklemmen
Dalben Pfahl

dichtholen strammziehen einer Leine

Dollen Beschläge für →Riemen

Doppelboden geschlossenes Auftriebsvolumen anstelle der →Bilge

Doppelwandung →Doppelboden oder hohle Seitenwand im Rumpf

Ducht Querbank

durchkentern soweit →kentern, das Masttop nach unten weist

Dünung „alter“ →Seegang

Echolot elektronischer Tiefenmesser

Einhand allein segelnd

einpicken einhaken (eines Karabiners)

Fahrwasser markierter Fahrweg für Schiffe

Fall Leine oder Drahtseil zum Hochziehen des Segels

Fender Gummiballon, um Bordwand vor Beschädigungen zu schützen

Festmacher Leinen, um das Boot zu →vertäuen

fieren →auffieren

Flunken die „Zinken“ des Ankers

Fock dreieckiges →Vorsegel

Gastlieger Boot, das Liegeplatz gastweise nutzt

Gatt meerwärtige Stromrinne

Gegenruder geben kräftiges Gegensteuern um →Luvgierigkeit auszugleichen

geigen Schaukeln des Bootes um die Längsachse bei Wellen von hinten

Gelcoat oberste Schutzschicht bei GFK-Booten

Genua große Fock mit besonders langem Unter→liek

Gezeiten alle Phänomene der →Tide

GFK glasfaserverstärkter Kunststoff (in Ostdeutschland „Plaste“ genannt)

gleiten leichte Jollen können bei genügend Wind gleiten und überholen dabei ihre eigene Heckwelle

Groß(segel) Haupt(segel)

Gut stehendes Gut: Takelage des Bootes wie →Wanten und →Vorstag; laufendes Gut: bewegliche Teile wie Leinen und →Blöcke

halbwind mit Wind von der Seite

halsen das Heck durch den Wind drehen, wobei der Großbaum mit Schwung überkommt

Havarie größere Panne, bei der das Boot beschädigt wird

Heck Hinterteil des Schiffes

hoch am Wind mit Wind schräg von vorn

Höhe laufen →hoch am Wind segeln

Holepunkt bootsseitiger Angriffspunkt für den Zug einer →Schot

Hubkiel mit einer Winde aufholbarer Ballastkiel

Jollenkreuzer Schwertboot mit Kajüte

kasperig (Jargon) raue Bedingungen

Kausch ringförmige Verstärkung für ein →Auge, z.B. Reffkausch

kentern Umkippen eines Bootes

Kenterschläuche aufblasbare Auftriebskörper

Kielschwerter Boot mit einem flachgehenden Kiel und einem zusätzlichen Schwert, das im Kiel sitzt

killen Flattern der Segel
Klappruder aufholbares Ruderblatt
klönen sich gemütlich unterhalten
Knickspanter Boot mit Knick zwischen Seitenwand und Boden
Konstruktionsklasse Bootsklasse, bei der viele Maße innerhalb gewisser Grenzen frei konstruierbar sind
Kopf obere Ecke des Segels
Krängung Schräglage infolge des Winddrucks
Kreuz Kurs, bei dem man →kreuzt
kreuzen im Zickzack-Kurs auf ein Ziel in Windrichtung zu fahren
Lage viel →Krängung
Langschafter Außenbordmotor mit besonders langem Schaft
Lee Windschattenseite
Legerwall Küste in →Lee, an der die Gefahr des Strandens besteht
lenzen leer pumpen oder schöpfen des Bootes
Liek verstärkte Kante eines Segels
Life-Belt Sicherungsgurt zur →Life-Leine
Life-Leine Sicherungsleine, die Überbordgehen verhindern soll
Logbuch seemännisches Tagebuch
Lot Messinstrument für die Wassertiefe
Luv in Windrichtung
luvgierig Bestreben des Bootes, in den Wind zu drehen
mittschiffs in der Bootsmitte
motoren unter Motor fahren
Patenthalse unfreiwilliges →Halsen, verursacht durch Unaufmerksamkeit oder starke Bootsbewegungen
Persenning wasserdichte Abdeckplane für das Boot oder Teile davon
Pinne waagerechter Haltestiel des →Steuerruders
Plicht nicht abgedeckter Raum, in dem man beim Segeln sitzt
Pricken im Grund steckende, lange Äste zur Fahrwassermarkierung
Priel natürlicher Wasserlauf im Watt
Pütting Beschlag am Rumpf, an dem die →Wanten befestigt sind
pützen Boot leer schöpfen, →lenzen
pullen von Landratten fälschlicherweise „rudern“ genannt
querschlagen starkes →Krängen durch Fliehkraft, welches oft zur →Kenterung führt
Q-Wende Wende, die →Halse ersetzt
Radsteuerung Ruderanlage mit Steuerrad
raum schräg von hinten
raumen drehen des Windes mehr nach →achtern
raumschots segeln mit →raumem Wind
reffen die Segel verkleinern durch teilweises Einrollen
Regatta Segelwettfahrt
Reitbalken Querbalken hinter dem Schwertkasten zur Aufnahme des →Travellers
Riemen von Landratten fälschlicherweise „Ruder“ genannt
Rigg Sammelbegriff für Mast, Baum und stehendes →Gut
Rollfock Fock mit Einrichtung zum Aufrollen um das Fock→fall
Ruderblatt in das Wasser hineinragender Teil des Steuerruders
Rundspanter Boot, bei dem Seitenwand und Boden konti-

nuierlich gerundet ineinander übergehen

Saling waagerechte Spreize am Mast, die im oberen Bereich die →Wanten auseinanderdrückt, um einen besseren Angriffswinkel zu erzielen

Schäkel mit Schraub- oder Steckbolzen verschließbarer Metallbügel

Schlag die zwischen zwei Wendemanövern zurückgelegte Strecke

Schlepp Abschlepphilfe auf See

Schlupfkajüte Kajüte, in der man nicht aufrecht sitzen kann

Schmetterling →Großsegel und →Fock auf unterschiedlichen Seiten

Schot Leine zum Regulieren der Segelstellung (Groß-, Fock- oder Spinnakerschot)

Schott Deckel oder Klappe, möglichst wasserdicht

schralen Wind fällt →vorlicher ein

schricken (die Schoten) schnell ein wenig →auffieren

Schwell Wellenschlag, besonders der von vorbeifahrenden Schiffen

Schwert senkrecht in einem Schwertkasten steckende Platte, die der →Abdrift entgegenwirkt

Seegang Wellen

selbstlenzend wenn aufgrund der Bauweise eindringendes Wasser ohne Zutun abfließt.

Segeldruckpunkt Zentrum der Segelfläche, Flächenschwerpunkt

setzen (ein Segel) hochziehen

Skipper verantwortlicher Schiffsführer

slippen zu Wasser lassen eines Bootes von einer Rampe

Sonnenschuß →querschlagen

Sperrholz schichtverleimtes Holz, welches nicht schwindet oder quillt

Spi Abkürzung für →Spinnaker

Spiegel senkrechter Abschluss des →Hecks

Spinnaker leichtes, bauchiges Vorsegel für →Vorwindkurs

Splint Sicherungsbolzen

Spundwand Uferbefestigung aus Stahllamellen

Steuerbord in Fahrtrichtung gesehen rechts

Stropp kurzes →Bändsel

Tide Strömung durch Ebbe und Flut

Tonne Seezeichen

Toppnant Halteleine für →Spinnakerbaum

Trägheitsmoment Summe der Produkte aus Abstand und Gewicht

Trailer Bootsanhänger

Trangia schwedischer Spirituskocher

Trampolin Gurtbespannung zum Sitzen zwischen den beiden Schwimmern eines Katamarans

Trapez am Mast befestigtes Drahtseil mit Gurt, in dem der →Vorschoter stehend →ausreiten kann

Traveller auf Schiene am →Reitbalken gleitender Schlitten, an dem unterer →Groß→schot→block befestigt ist

trimmen Optimales Einstellen von →Rigg und Segeln, um das Boot schneller zu machen

trockenfallen zurückziehen des Wassers durch →Gezeiten

Törn Bootstour, -wanderung

Untiefe Stelle mit geringerer Wassertiefe als Tiefgang des Bootes

verholen Schiff mit Leinen von einem Liegeplatz zum nächsten zu bringen

vertäuen anbinden

vertörnen verdrehen, verheddern

vollgeschlagen (Boot) voller Wasser

Vollholz Massivholz

Vorleine →Festmacher am →Bug

vorlich von vorn

Vorschiff vor dem Mast liegender Teil des Bootes

Vorschoter Mitsegler, der die →Vorsegel bedient

Vorsegel alle Segel vor dem Mast

Vorwindkurs Kurs mit →achterlichem Wind

Want seitliche Mastverspannung aus Drahtseil

Wasser machen ein Boot ist undicht

Wasserliegeplatz reservierter Bootsplatz am Steg oder an einer Boje

wenden mit dem Bug durch den Wind drehen

Windbändsel auf Segel geklebte Wollfäden zum Sichtbarmachen der Luftströmung (in →Luv und →Lee)

Yardstick Faktor, der relative Geschwindigkeit von Bootsklassen angibt, um diese auf →Regatten miteinander vergleichen zu können

Kontakt

Hartmut Ehmler
Mendelssohn-Bartholdy Straße 42
14480 Potsdam

Daniel Blake
daniel-blake@web.de